读经典 悟人生

老子

张瑞 ◎ 主编

人生智慧 64 个

廣東旅游出版社
GUANGDONG TRAVEL & TOURISM PRESS
悦读书・悦旅行・悦享人生

中国・广州

图书在版编目（CIP）数据

《老子》64个人生智慧 / 张瑞主编. — 广州：广东旅游出版社，2017.8（2024.8重印）

ISBN 978-7-5570-1009-6

Ⅰ.①老… Ⅱ.①张… Ⅲ.①《道德经》-人生哲学-通俗读物 Ⅳ.①B223.1-49

中国版本图书馆CIP数据核字（2017）第130887号

《老子》64个人生智慧
《LAO ZI》64 GE REN SHENG ZHI HUI

出 版 人　刘志松
责任编辑　李　丽
责任技编　冼志良
责任校对　李瑞苑

广东旅游出版社出版发行

地　　址	广东省广州市荔湾区沙面北街71号首、二层
邮　　编	510130
电　　话	020-87347732（总编室）020-87348887（销售热线）
投稿邮箱	2026542779@qq.com
印　　刷	三河市腾飞印务有限公司
	（地址：三河市黄土庄镇小石庄村）
开　　本	710毫米×1000毫米 1/16
印　　张	16
字　　数	186千
版　　次	2017年8月第1版
印　　次	2024年8月第2次印刷
定　　价	68.00元

本书若有倒装、缺页影响阅读，请与承印厂联系调换，联系电话 0316-3153358

序　言
XUYAN

老子是我国古代伟大的思想家，他所撰述的《道德经》是一部思想深奥、内涵丰富的哲学著作，它玄妙的思想、深邃的哲理、辩证的智慧，贯穿历史数千年，流传至今，对我国思想文化的发展和中华民族思维方式的形成，产生了深远的影响，是中华民族珍贵的精神文化遗产。

历史上研究解释《老子》的著作已有上千种，先辈们做的基础工作，一是侧重于考证《老子》一书的成书年代、版本源流，辨识其版本真伪；或考证老子其人，他的生卒年代及经历。二是注重对于书中的字、词进行训诂注疏，逐章逐句地进行翻译，一章一句地进行说解或引述；近代也有学者引用西方哲学的概念来解说它，将它纳入西方哲学研究的体系之中。

老子深邃的"道"穷微极妙，教则浩荡而宏博，理则广大而深玄，曾倾倒无数中外鸿儒大家。孔子见老子后赞叹道："老子其犹龙邪！"庄子钦服曰："关尹老聃乎，古之博大真人哉！"中国民主革命的先行者孙中山晚年也曾说："中国古代政治哲学实在比西方好。"鲁迅说："不读《老子》一书，就不知中国文化。"胡适说："老子是中国哲学的鼻祖，是中国哲学史上第一位真正的哲学家。"圣人先哲都对老子及其学说发出由衷的赞誉。

老子之所以伟大，其思想之所以精深，就在于他不回避人生的苦难，敢于正视社会的不公。他能够直探人类心灵的深处，论及的是人类必须永远面对的课题。当然，每个时代都有各自的烦恼，每个时代各有不同的痛苦和焦虑，因此我们特地恭请老子这位伟大的智者来做我们这个时代的"心理医生"，让他来治愈大家心灵上的创伤，让他来抚慰人们情绪上的焦虑。

《老子》
64个人生智慧

　　本书对《老子》一书在原文解释的章句今译的基础上，结合我们当前社会的现实"请"老子直接走上讲坛，面对我们这个时代发言，与我们进行面对面的"对话"，这也是老子思想在现代社会的发展和延伸。本书为使哲学走出哲学家的殿堂，走向大众，加深人们作为民族文化源泉的中华古文化的认识，弘扬老子的哲学思想，在学以致用，古为今用方面作出了努力。

　　《老子》一书，虽然只是短短五千字，其中蕴含的丰富哲理，至今令人回味无穷，世人因此而感叹古人的伟大智慧。该书是中国传统文化的经典作品之一，是中国几千年来深厚文化基奠的结晶。其中许许多多的经典语句在我们日常生活运用的频率相当高，在书本教科书中也频频亮相，读了《老子》才发现其中许多经典的东西原来出处于这里，也许在你静静地解读《老子》的时候还会有意外的收获，对你的生活提供某些你一直以来正在追求或百思不得其解的东西。

目 录
MULU

智慧 01	惟道是从，因任自然	003
智慧 02	凡事不要做过头	009
智慧 03	物极必反，盛极而衰	015
智慧 04	大生于小，多起于少	018
智慧 05	留有空间才好发展	021
智慧 06	树立自己坚定的信念	024
智慧 07	学会客观地观察自己	027
智慧 08	战胜自己才是强者	030
智慧 09	培养洞察细微的能力	034
智慧 10	遵循水的大智慧	037
智慧 11	无为而后才有大作为	040
智慧 12	无为才能无所不能	043
智慧 13	凡事总是过犹不及	048
智慧 14	不居功者成大功	051
智慧 15	不自满才能不断进步	054
智慧 16	世间的根本在于"道"	057

《老子》
64个人生智慧

智慧 17	委曲才能求全	065
智慧 18	骄兵必败，哀兵必胜	071
智慧 19	生活中唯一不变的就是变	075
智慧 20	以柔克刚才是取胜之道	079
智慧 21	人生一定要有梦想	084
智慧 22	谦退无私才能成大事	087
智慧 23	稳步推进胜于强出头	094
智慧 24	善于借用他人之力	099
智慧 25	正确看待人生的成败得失	102
智慧 26	不争是人生的最高境界	106
智慧 27	清静无为，远离死地	109
智慧 28	抱有冷眼旁观的人生态度	113
智慧 29	知错能改，善莫大焉	116
智慧 30	掌握好说话办事的分寸	119
智慧 31	做人做事都应善始善终	122
智慧 32	学会找准自己的位置	127
智慧 33	深藏不露容易成功	130
智慧 34	创造"天时"与"地利"	132
智慧 35	真正聪明的人不卖弄自己	134
智慧 36	忧患只能来自我们自己	137
智慧 37	挫其锐，解其纷	141
智慧 38	要有大者宜为下的气度	144
智慧 39	小不忍则乱大谋	147
智慧 40	沉默是金，寡言是福	150
智慧 41	看透人生的祸福变换	156
智慧 42	道的本意在于师法自然	158
智慧 43	保持自己纯真自然之美	162

目　录

智慧 44	坚持自己的纯真的本性	169
智慧 45	不要被贪欲所左右	174
智慧 46	用辩证思维去观察世界	179
智慧 47	立身处世的三件法宝	183
智慧 48	珍爱自己的身体和生命	188
智慧 49	参透生死之间的奥秘	191
智慧 50	久处巅峰必有隐患	196
智慧 51	凡事一定要适可而止	198
智慧 52	好心态赢得好生活	201
智慧 53	过一种快乐而不享乐的生活	207
智慧 54	当于静处品味人生	211
智慧 55	保持一种简单的快乐	215
智慧 56	保持一种清静无为的心态	218
智慧 57	以静养智的大智慧	221
智慧 58	得意忘形，便会乐极生悲	225
智慧 59	功成身退也是一种智慧	228
智慧 60	保持自我，不入流俗	231
智慧 61	学会宽以待人	234
智慧 62	解怨不如不结怨	237
智慧 63	不自大才能成其大	240
智慧 64	相信未来总是有希望的	242

老子
64个人生智慧

　　21世纪的现代人在竞争与超越中感受着幸福也经历着疲惫。无法停止的脚步使人精神紧张、心力交瘁。两千多年前的圣人老子以其异于常人的目光洞悉生命底蕴，"道法自然""无为而治""上善若水""知足常乐""见微知著"等思想为我们展示了一个高超的智慧空间。

智慧 01
惟道是从，因任自然

【原文】

"谷神不死，是谓玄牝。玄牝之门，是谓天地根。绵绵若存，用之不勤。"

【解析】

大道虚空而变幻莫测，它是博大无边、无所不能、永恒不灭的，它不仅深远无限而且更是崇高伟大的母性。天地万物从它那里诞生，所以说它是天地万物的根源。浩瀚无际的万物仿佛早已存在于这崇高伟大的母亲的怀抱之中，从中获取源源不断的生命和享用不尽的养料。

老子用"谷"来象征"道"的虚状，用"神"来比喻"道"生万物，而且绵延不绝，"道"是在无限的空间支配万物发展变化的力量，它空虚幽深，因应无穷，永远不会枯竭，永远不会停止运行。"谷神不死"，体现出"道"的永恒性，即恒"道"。他想说明"道"的作用是无穷无尽的，从时间上看，它历久不衰，天长地久；从空间上看，它无处不在、无穷无尽。它孕育着万物而生生不息。

老子所讲的"道"，指的就是宇宙和自然的规律，也可以称作是我们人类的自然观和世界观。对于我们人类而言，只有认识这些规律，顺从而不违背这些规律，适应这些规律，利用这些规律，才能不断发展、壮大自己。

有一位客人拜访侯子家，送上一只獐子。侯子问："獐子可以驯化吗？"客人回答他说："在太平盛世里，野兽都可以成群地出游，你难道不相信吗？为什么獐子不可以驯养呢？"侯子说："对呀，我试试看吧。"

侯子为獐子造了间房子，开始驯养它。獐子的情绪很不稳定，一会儿低

《老子》
64个人生智慧

声呦呦地叫，叫过之后，就静静地待在那里，一动不动，好像在想什么；一会儿又嗥嗥地大叫，显得很是悲凉。到了晚上，獐子不愿被囚禁在房子里，常常用头去撞门。如果有人走近去看它，它就惊恐万状地在角落里缩成一团，一动不动地盯着来人。獐子虽然在这些方面表现得与人很相似，但还是难以将它的野性驯化。

王子听说了这件事，就去对侯子说："你显然不善于驯养獐子，为什么你不把它交给我驯养呢？"

侯子回答说："你的院子里面有两条狗，大的像西旅氏的猛狗，小的也是韩之卢的后代，十分勇猛。如果獐子被两条恶狗吃掉了，那可怎么办呢？"

王子听了哈哈大笑，说道："你不但不善于驯养獐子，而且也不了解我的两条狗。我将会引着獐子去见那两条狗，然后逐渐让它们在一起吃食，逐渐让它们晚上同住一个地方，逐渐使它们成为好友，而且还要让它们的关系日益亲善。我既然驯养獐子，当然只会使它的生活更安定，怎么会去伤害它呢？"

侯子听了这话，觉得有点道理，但还是嘱咐说："尽管如此，你还是派小童子看着点，用绳子把獐子拴起来，别让狗太接近它。"

王子听罢沉思了一会没有说话。就这样，獐子就让这位王子带回去了。

过了三天，王子派人过来带话给侯子说："我已经不让童子看獐子了。我的那两条狗，看上去也很平静、安宁，不像是想侵犯獐子的样子。"

又过了三天，王子又派人告诉侯子说："现在我已经把绳子解开了，我的那两条狗，也能与獐子和睦相处，很是亲热。虽然獐子还是存有戒心，但我相信很快就会好起来的。"

又过了三天，王子再派人送来消息："獐子已经消除了戒心，与我的两条狗真的是亲密无间了。"

又过了三天，西旅氏狗却趁獐子熟睡的时候，咬住了它的喉咙，韩之卢狗也上去咬住它的两肋，獐子就这样被咬死了。

愚蠢的王子不顾及獐子和狗本是天敌，硬要逼它们相亲相爱，当然会造

智慧 01
惟道是从，因任自然

成可怕的后果。

世间一切事物的生存、发展和消亡，无不是在时间、空间及环境等外界要素的作用下，按照自己的方式来完成其发展过程的。我们做事不能违背规律蛮干，否则后果不堪设想。

"道"不仅是世界的本原，也是万物的真谛和生活的准绳，更是我们生命的根基、力量的源泉和精神的支点。东方圣哲深知"道"对一个人生命的意义，他们强调"惟道是从"，甚至主张"从道不从君"；西方圣哲也声称"吾爱吾师，吾更爱真理"，他们始终保持着对"头上星空和心中律令"的敬畏。

建筑师设计了位于绿地四周的办公楼群。竣工后，园林管理部门的人问他人行道该铺在哪里，"把大楼之间的空地全种上草。"建筑师回答。

夏天过后，在楼间的草地上踩出了许多小径，优雅自然，走的人多就宽，走的人少就窄。

秋天，这位建筑师让人沿着这些踩出来的痕迹铺设人行道。这是从未有过的优美设计，和谐自然地满足了行人的需要。

万物皆有属性，顺其自然，遵循客观规律，可以使事情变得容易，可以使我们的生活变得更加和谐、丰富多彩。

因此，老子又说："希言自然。故飘风不终朝，骤雨不终日。孰为此者？天地。天地尚不能久，而况于人乎？……道常无为，而无不为。"意思是：道永远是顺其自然的，然而没有一件事不是它所为的。

自然而然，是天下事物各自进化的最优解。它是事物各自与客观外界方方面面长期磨合的结果，所以它们就如同遗传基因一样，具有广泛、长期、顽强的适应性。而人们有意而为的行为，在某一方面，某一时期，可能有其明显的效能，但其后，它的副作用，它的负面效应就会显现出来。

自然有其自身的规律，人为地去改变它就只能带来坏的结果。所以我们必须尊重自然，按照客观规律办事，只有这样我们的一切活动和行为才不会有偏差，才不会无价值，才不会违背大道的宗旨而受到惩罚。

我们只有认真地体会和了解自然，才能对人生有更明确的理念；才能够

《老子》
64个人生智慧

认识到我们的价值和尊严，了解每个人都有决定自己如何生存的权利；才能对生活充满希望和激情；才能看清虚伪与真实，分清光明与黑暗；才能使我们满怀热情充满正义感；才能使我们的社会更安定，生活更祥和！

人生就像一场木偶剧，总是被无数根线操纵着：追逐金钱，就会受金钱的束缚；追求功名，就会受功名的束缚。只有抛开名利，才能超脱于种种束缚之外。

做人做事要有主见，要掌握事物发展的规律，就可以使自己遇事进退自如，不受他人控制。另外，人贵自知，处世要摆正自己的位置，做事要看是否可行，做到卷舒自如的适然境界。

凡事不可强求，有些事在现有条件下行不通，就等时机成熟再做，这就需要安于现状等待时机的耐心，而不是心慌意乱。这也是人生卓越的奥妙所在。

1954年，巴西的男女老少几乎一致认为，巴西足球队定能荣获世界杯赛的冠军。然而，天有不测风云，在半决赛时，巴西队意外地输给了法国队，结果没能将那个金灿灿的奖杯带回巴西。球员们比任何人都明白，足球是巴西的国魂。他们懊丧至极，觉得无颜见江东父老。他们认为球迷们的辱骂、嘲笑和扔汽水瓶子是难以避免的。

当飞机进入巴西领空之后，球员们更加心神不安，如坐针毡。可是，当飞机降落在首都机场的时候，映入他们眼帘的却是另一番景象：巴西总统和两万多球迷默默地站在机场，人群中有两条横幅格外醒目，"失败了也要昂首挺胸！"和"这也会过去！"球员们顿时泪流满面。总统和球迷们都没有讲话，默默地目送球员们离开了机场。

四年后，巴西足球队不负众望赢得了世界杯冠军。回国时，巴西足球队的专机一进入国境，一架喷气式战斗机立即为之护航。当飞机降落在道加勒机场时，聚集在机场上的欢迎者多达3万人。从机场到首都广场将近20公里的道路两旁，自动聚集起来的人群超过了100万，这是多么宏大和激动人心的场面啊！

智慧 01
惟道是从，因任自然

人群中还有两条横幅格外醒目："胜利了更要勇往直前！""这也会过去！"

巴西的球迷充满生存智慧，他们深深地认识到：对既成事实要尊重，但不要执着；尊重是好好运用人生的价值，执着就会烦恼、痛苦。

在这个世界上，不知道该怎么办的时候，选择顺其自然，也许是最佳选择。同样的，人在无所适从的时候，选择顺其本性，也许不失为聪明之举。

禅院的草地上一片枯黄，小和尚看在眼里，对师父说："师父，快撒点草籽吧！这草地太难看了。"

师父说："不着急，什么时候有空了，我去买一些草籽。什么时候都能撒，急什么呢？随时！"

中秋的时候，师父把草籽买回来，交给小和尚，对他说："去吧，把草籽撒在地上。"

小和尚高兴地说："草籽撒上了，地上就能长出绿油油的青草！"

起风了，小和尚一边撒，草籽一边飘。

"不好了，许多草籽都被吹走了！"小和尚喊道。

师父说："没关系，吹走的多半是空的，撒下去也未必发得了芽。担心什么呢？随性！"

草籽撒上了，许多麻雀飞来，在地上专挑饱满的草籽吃。小和尚看见了，惊慌地说："不好了，草籽都被小鸟吃了！这下完了，明年这片地就没有小草了！"

师父说："没关系！草籽多，小鸟是吃不完的！你就放心吧！明年这里一定会有小草的。随意！"

夜里下了大雨，小和尚一直不能入睡，他心里暗暗担心草籽被冲走。第二天早上，他早早地跑出了禅房，果然地上的草籽都不见了。于是他马上跑进师父的禅房说："师父，昨夜一场大雨把地上的草籽都冲走了，怎么办呀？"

师父不慌不忙地说："不用着急，草籽被冲到哪里，它就在哪里发芽。随缘！"

不久，许多青翠的草苗果然破土而出，原来没有撒到的一些角落里居然

《老子》
64个人生智慧

也长出了许多青翠的小苗。

小和尚高兴地对师父说:"师父,太好了,我种的草长出来了!"

师父点点头说:"随喜!"

老和尚领悟了"道",以超然的心态告诫小和尚:不要刻意强求,试图做到顺其自然。小和尚听了老和尚的话,做了努力后静观草苗的发展,结果草真的长出来了,他的付出得到了一定的回报。

大道看似无为而有为,看似无形而有形,看似无眼而有眼,它时刻关注着世间万物的一举一动。不管我们的行事是正确的还是错误的,大道都看得一清二楚,会有所反应和评判,而且它的反应是自然而然的,它的评判是公正不偏的。

智慧 02
凡事不要做过头

> 【原文】
> "道，冲而用之，或不盈。"
>
> 【解析】
> 老子这里是说，道是用虚柔和谐的方式来作用于事物，其做法从不激烈、不极端，不盈满过甚。

"盈"就是满，月盈则亏，水盈则溢。水与月都是自然界最有道的两种事物，连它们都不能太满，何况人？"不盈"指不满，不太过。整句话的意思是指我们要用道来使力做事，这样才不会太过。

从前有个人，天天想赚很多钱去享受人间的快乐，于是他努力工作，待人和善，终于凭努力与机遇钱越赚越多。于是他迫不及待地去享受山水、女人、地位，各种游乐的方式他都想玩遍。忽然有一天他发觉自己陷入了空虚，丧失了一切兴趣，他睁大眼睛看着手中的钞票，感觉自己被卖了，而且是被贱卖。

其实这个人并不是被卖了，而是迷了。人是他自己，怎么会被卖了呢？即使卖一万次、被外物使用一万次，他还是他自己。人不怕被卖，就怕被改装。

这个人迷失在物欲中，原因很简单，凡事太过，好事就会变成坏事。钱是好东西，可以服务生命，但太多就要生出管理成本，用钱更会引出事端，十分麻烦。

凡事不可太过，应有度。这个度不是外物加于我身的规定制度，而是每个人自知之明的极限与临界点。孙悟空一个筋斗云可以翻十万八千里，可能这就是他的极限，你让他翻十一万里恐怕就难了。

人在各方面都是有限的，行动、认知，莫不如此。所以《庄子》曾叹："吾

《老子》
64个人生智慧

生也有涯，而知也无涯。以有涯随无涯，殆矣！"就是说有限认知的人不可能获得无限的知识。如果硬要用有限追求无限，那么注定失败。

这么看来，人生就一片灰暗吗？生命是有限的，人生知识是有限的，做事水平是有限的，因此干什么都注定不完美，注定不能尽兴。是这样吗？

其实也未必。婴儿吃奶，吃饱了就笑眯眯的不再吃了，多么完美的境界，他很尽兴啊。倒是喂奶的母亲还在一个劲儿地催："多吃点啊，宝宝！"你看，完美就这样被破坏了。

所以，完美是可以实现，问题不在于完美能否实现，而在于能不能"止于至善"，不要自己画蛇添足，自己打破完美。

婴儿吃奶天性知足，吃饱了就不吃了。婴儿的母亲常常打破这种完美，让孩子吃太饱。

老子指出：凡事不能大过，过犹不及。完美是可以做到的，但要知道如何保持完美。

正因为什么都是有限的，所以我们能享受无限。为什么呢？因为有限让人知足，知足即完美。

不知足的人很糟糕，他们很难让自己满意。既然自己都不能让自己满意，天底下自然就没有让他满意的事了。

用有限追求无限，注定失败。

用无限追随无限，注定空虚。

用无限追求有限，你会成功。

用有限追求有限，你会成功。

所谓"知足即完美"就是追求止于有限，这样成功才会无限。喝一杯水好解渴，回味无穷，两杯就太饱，十杯准难受。就这么简单。

有个医生向苏格拉底诉苦，说吃什么东西都没有胃口。苏格拉底知道他是吃多了，就说："我这里倒有治你这种病的良方。"那位医生忙问是什么方子，苏格拉底回答说："不要再吃了。"

最简单的常识通常即自然之道，非常有效。

智慧 02
凡事不要做过头

此外，知足也是一种感受，不在于拥有多少名利而在于个人感受如何，五脏六腑、七情六欲，人人皆同，但每个人对欲望的态度都有不同程度上的差别。世界上确实存在着不知足的人，他们贪得无厌的行为既招致人们的厌恶又引起人们的羡慕，正是这样一些人既把世人统统裹挟到了一个欲望沸腾的世道里，又使世界变得富丽堂皇、流光溢彩，他们的作为破坏了自然界的均衡却呼唤着人类的进步，人类对此尚未能做出明智的判断和选择。相反，世界上也确实存在着一些比较容易满足的人，他们不是由于能力不足而不得不自求满足，而是在透觑了得失之间的关系后所做出的自愿选择。

知足使人平静、安详、达观、超脱；不知足使人骚动、搏击、进取、奋斗；知足智在知不可行而行，不知足慧在可行而必行之。若知不行而勉为其难，势必劳而无功；若知可行而不行，这就是堕落和懈怠。这两者之间实际是一个"度"的问题。度就是分寸，是智慧，更是水平，只有在合适温度的条件下，树木才会发芽，而不至于把钢材炼成生铁。在知足与不知足之间，更多地倾向于知足。因为它会让我们心地坦然。无所取，无所需，就不会有太多的思想负荷。在知足的心态下，一切都会变得合理、正常、坦然，我们还会有什么不切合实际的欲望和要求呢？

知足是一种境界。知足的人总是微笑着面对生活，在知足人的眼里，世界上没有解决不了的问题，没有趟不过去的河，他们会为自己寻找合适的台阶，而绝不会庸人自扰。

老子说："祸莫大于不知足；咎莫大于欲得。故知足之足，常足矣。"意思是最大的祸害是不知足，最大的过失是贪得的欲望。知道到什么地步就该满足，永远是满足的。

一个人在路旁摆了个盛满甜酒的酒樽，并放了些酒杯。一伙猩猩见了便晓得人类的用意。

可是熬了不一会儿，一只猩猩说："这么香甜的酒，何不少尝一点！"于是各自战战兢兢地喝了一小杯。喝罢，相互嘱托说："可千万不要再喝了！"谁知，一阵酒香随风扑来，它们个个垂涎三尺，又都喝了一杯。最后，忘乎所以，

《老子》
64个人生智慧

竞相端起大酒樽狂饮起来，结果一个个酩酊大醉，一并为人所擒。

猩猩之所以醉酒被擒，就在于它们的智慧还没有到达能够战胜自己欲望的程度。

其实，人也一样。如果不能克制自己的贪欲，也必然失败。看看历史上的那些因嗜好不当而铸成大错、酿成大祸的官员有多少？贪欲一旦不加控制，必然会吞噬人的心灵。

和珅这个大贪官，其实很有才能，他精通好几个少数民族的文字。他是正红旗人，从一个生员出身，然后世袭，做到乾隆的侍卫，又做到户部侍郎，再做到军机处大臣，又再做到文华殿大学士，再到一等公———级一级上去，心理变化了，特别是晚年乾隆皇帝非常喜欢他，跟他结成儿女亲家，所以他到处都要捞一把，否则心理不平衡。据说，他捞了两千万两白银。折合成今天的数字，是12亿元人民币。

其实，今天的许多贪官开始刚出道的时候也不敢贪的，人家送他一条香烟，不敢拿，送他一个电动剃须刀，不敢拿。但是，到后来地位变化了，溜须拍马的人多了，地位升高了，心理就发生变化了。所以我们如果用这些话教育这些贪官，应该说，能够挽救很多的人。

从前有两个兄弟，他们自幼失去了父母，兄弟俩相依为命，家境十分贫寒。

他们俩终日以打柴为生，生活十分辛苦。但他们从来都不抱怨，而是起早贪黑，一天到晚忙个不停。生活中哥哥照顾弟弟，弟弟心疼哥哥。二人生活得虽然艰苦，但日子过得还算舒心。

这一天，天上的神仙得知他们二人的情况，决心下界去帮他们一把。这天清早，兄弟俩还未起床，神仙便来到了他们的梦中，对兄弟俩说："在远方有一座太阳山，山上撒满了金光灿灿的金子，你们可以去拾取，不过一路艰难险阻，你们可要小心！另外，太阳山温度很高，你们只能在太阳未出来之前拾取黄金，否则等到太阳出来了，你们就会被烧死。"神仙说完就不见了。

兄弟二人从睡梦中醒来，心中很是兴奋。他们商量了一下，便启程去了太阳山。一路上，有时遇到毒蛇猛兽，有时遇到狼虫虎豹，有时狂风大作，

智慧 02
凡事不要做过头

有时电闪雷鸣。兄弟俩都能团结一致，最终斗败各种艰难险阻，不知过了多长时间，他们终于来到了太阳山。这时太阳还没有出来，"啊！漫山遍野的黄金，照得我眼睛都睁不开了。"弟弟一脸的兴奋，显然没有了长途跋涉的困顿与疲惫。哥哥看到后只是淡淡地笑了笑。

哥哥从山上捡了一块较大的金子装在了口袋里，下山去了。弟弟捡了一块又一块，就是不肯罢手。不一会儿整个袋子装满了，弟弟还是不肯住手。太阳快出来了，可是弟弟全然不顾。这时他耳边又响起了神仙的警示："太阳快出来了，赶快回去吧！"弟弟却说："我好不容易见到这么多金子，你就让我一次捡个够吧！"说完他又忘我地捡了起来。

太阳出来了，太阳山的温度也渐渐地升高。弟弟看到了太阳，急忙背着金子往回走，可是金子太重了，他的步履有些蹒跚，太阳越升越高，弟弟终于倒了下去，再也没有站起来。

哥哥回到家之后，用捡到的那块金子作本钱，做起了生意，后来成了远近闻名的大富翁。可弟弟却永远留在了太阳山。

知足常乐，做事不要贪得无厌，否则无尽的贪欲最终会毁掉自己。美好的生活要靠勤劳的双手去创造，不义之财最终会给自己带来祸害。

很多时候我们不幸都在做白痴，做事老是贪多？结果消化不良，痛苦不堪。老子、苏格拉底，这两位东西方最有智慧的圣人向我们指出：凡事不能太过，不然你准难受。就这么简单。圣人最爱说常识，圣人以常识治常人。

老子讲"道冲而用之"的"冲"，指向上使力。"用"，指向目标进发。"冲"是围绕"用"的，如果不围绕"用"，就会一冲便散，什么也没有。火箭之所以不是烟花，就在于它不是为了冲而冲，不是为了升空而升空，而是为了达到某个运行轨道。

火箭与烟花都是"冲"，但火箭升空是向目标进发，烟花只是爆炸。老子指出：做事为了避免"一冲就散"，应预设目标、轨道，并有效提高冲力。所谓"道冲而用之"，就是说"冲"而为"用"服务，不能光凭冲动做事。

又要"冲"，并且要冲得远，又不能一冲就散，这就是"度"了。一冲

《老子》
64个人生智慧

就散就是老子讲的"盈",溢出了,散掉了。

有"度"就可以避免"盈"。

我们用空盆接水,正好。

用半盆水再接水,要注意。

如果端一盆满满的水再去接水,那就是有病了。

非常不幸的是,人们往往都是在"满盆接水",浪费了溢出的好水。所以最好用空盆接水,用空腹吃饭,空房子才好摆家具。如果已经有点家具了,就要注意协调。

"道冲而用之"的"冲"又通"盅",指空杯子,也是空杯好盛酒的意思。

同样地,事情做太过往往就摆不平。

老子指出:凡事必须有度,应以既有容量为限。

智慧 03
物极必反，盛极而衰

> **【原文】**
> "反者道之动，弱者道之用。天下万物生于有，有生于无。"
>
> **【解析】**
> 使事物向相反的方向转化，是道的动作；使事物的势头减弱，是道的效用。天下万物都是从"有"生出来的，而"有"最终又是由"无"生出来的。

老子非常强调天地万物普遍存在的内在矛盾。他认为正是由于万物自身存在着对立面，才引起万物常生常灭、自生自化的运动。由于内在矛盾的运动变化，潜在的各种差异性得以展开为现实的多样性，就是大家天天耳闻目睹的鸟语花香、高山流水、楼台亭阁、珍禽异兽等万事万物。"反"或矛盾无处不在：人有老与少，家有富与贫，国有治与乱，地有远与近，色有黑与白，水有浊与清……

与老子的思想类似，英国诗人布克莱在《天堂与地狱的联姻》中也说："没有'反'便没有'动'，没有矛盾便没有发展：吸引与排斥、理性与能量、爱恋与憎恨，没有这些就没有人的生存。"岂止是人，自然界也是如此。没有大地的四季更替，就没有树木花草的"一岁一枯荣"。

"反者道之动"的另一层含义是指万事万物总是向其相反的方向转化，"终而复始""否极泰来"，也就是那条家喻户晓的成语"物极必反"。

"物极必反"这一现象普遍存在于自然与社会之中：天上"日中则移，月盈则亏"，地上"花开则谢，叶绿则枯"，人间"乐极生悲，苦尽甘来"，事物"木强则折，物壮则老"，国家"分久必合，合久必分"。

英国有一个建筑承包商，专门从事大项建筑工程的生意，揽下生意后，

《老子》
64个人生智慧

他便把大工程划分成若干小工程，再分别承包给其他施工单位。由于他不仅能用较高的价格揽下生意，而且能很快地以最低价格把工程分包出去，所以赚了一大笔钱。同行们开始的时候觉得很奇怪，后来才发现了他所使用的经营"秘方"。

当从别人那里承揽生意时，他总是派出自己的心腹，假扮成与自己竞争的承包商。这些假承包商分别喊出极高的价格之后，他才站出来表示愿意以一个相对较低的价格投标。发包商经过比较，当然就选择了他这位出价最低的投标商。其实，他所出的最低价往往是此类工程的最高价。

当他向外发包时，采取更为奇妙的办法。每次有投标者同他洽谈分包价格时，他开始总是迫使对方一再压价。在双方谈判处于僵持状态中，他的秘书便敲门进来，说是紧急电话需要马上去接，这时他显得很慌乱，竟然将手中的"机密材料"忘记在谈判桌上。谈判对方当然对这些材料非常感兴趣，便偷偷地翻看，才知道是所有的施工单位关于此项工程的"竞价单"。他们不看则已，一看顿时慌了手脚，暗自庆幸自己及时发现了这个"秘密"，不然到手的生意就被别人抢走。等他重返谈判桌时，投标者便主动把投标价格压得很低，当然双方很快就成交了。其实，这些投标者偷看的"机密材料"都是他精心伪造的。

这位聪明的承包商在向别人承揽生意时，虚拟一些抬价者，在向其他人分包时，又虚拟出一些压价者。无论是抬高者，还是压价者，实际上都是不存在的。他运用这种无中生有的计谋，使他在建筑行业竞争中始终立于不败之地。

理查德·艾伦是美国的一位老资格政客，曾在尼克松的国家安全委员会任过职，后来因与基辛格争吵而辞职。里根当选总统后，他又担任国家安全事务助理。

黑格是里根政府的国务卿，一向傲气十足，在政界树敌不少。艾伦和黑格的政见不同，加上黑格是艾伦的死对头、基辛格的密友，因此，艾伦一直想整垮黑格。

智慧 03
物极必反，盛极而衰

于是，艾伦利用工作之便，经常向报界散布一些有关黑格的谣言。当然，他不允许记者透露他的姓名，而是让记者写明这是"白宫权威人士"的消息。所以有一阵"黑格地位不稳"和"黑格可能辞职"的说法在社会上流传甚广。尤其令黑格气愤的是，1981年11月3日的《华盛顿邮报》发表了一篇文章，文中说里根总统有一个对下属官员不满的名单，其中的头一名就是黑格。这篇文章还称："国务卿黑格的一只脚已踏在香蕉皮上，随时可能从内阁里滑出去。"

艾伦采取无中生有、暗箭伤人的办法，通过新闻界散布了大量的流言蜚语，使黑格的处境越来越艰难，再加上其他打击接踵而至，黑格不久便向里根总统递交了辞呈。

万事万物都在蓬勃生长，达到顶点便向相反的方向转变，看似无规律可循，其实这就是规律。万物尽管变化纷纭，最后又各自返回它的本根。我们由此看出它们循环往复，就能以平和的心态来面对周围及自身发生的一切事情。

《老子》
64个人生智慧

智慧 04
大生于小，多起于少

【原文】

"图难于其易，为大于其细。天下难事，必作于易；天下大事，必作于细。是以圣人终不为大，故能成其大。"

【解析】

这段话着重说明了处理任何事物都是从容易到困难、从微末到庞大的规律，最后归结到每个人都必须重视困难，才会有效地应付困难。这些教导后来演变为"防患于未然"的格言，对中国人的行为处世产生了深刻影响。

老子在这里强调以无为的态度去有所作为，以不滋事的方法去处理事物，以恬淡无味当作有味。大生于小，多起于少。因此，有"道"的圣人始终不贪图大贡献，所以才能做成大事。那些轻易发出诺言的，必定很少能够兑现，把事情看得太容易，势必遭受很多困难。因此，有道的圣人总是看重困难，努力解决，最后便没有困难了。

"图难于其易"是提醒人们处理艰难的事情，须先从细易处着手。面临细易的事情，却不可轻心。"难之"，这是一种慎重的态度，缜密的思考、细心而为之。这对于人们来讲，无论行事还是求学，都是不移的至理。这也是一种朴素辩证法的方法论，暗合着对立统一的法则，隐含着由量变到质变的飞跃的法则。

可见老子的"无为"并不是讲人们无所作为，而是以"无为"求得"无不为"，他说"是以圣人终不为大，故能成其大"。这正是从方法论上说明了老子的确是主张以无为而有所作为的。

千里之堤，溃于蚁穴；万丈高楼，焚于火星。最难的事总是从最易处开

智慧 04
大生于小，多起于少

始，最棘手的问题总是萌芽于最好处理的时候。等千里之堤决口之后，再去堵漏洞就难了，而在堤溃之前堵塞蚁穴却易如反掌；等到火势烧到了楼顶，再去叫消防队来灭火就晚了，而在火星刚成时将它灭掉却不费吹灰之力。

事物还没有露出明显破坏性倾向时，容易防患。坏事还处在萌芽阶段时，容易把它消除掉；危害还不严重时，容易找到补救的措施；灾祸还没有到来之前就要防备；事物还没有混乱之前就要把它理顺。

这就是老子所说的慎于开始，任何事情在开始时处理会事半功倍，也容易避免不幸的发生。灾祸临头了再躲已来不及，事物都成一团乱麻了就不可理清。

扁鹊是春秋时的名医，是各诸侯要人的座上宾。一天他去见蔡桓公，两人站着谈了一会儿话，扁鹊就发现蔡桓公的身体有点不对劲，马上对他说："君侯有病，目前还在表里，如不及时医治的话，恐怕会向深处恶化。"

桓公大笑着说："我哪有什么病。"那样子完全是一副金刚不坏的自信。

扁鹊出去以后，蔡桓公俏皮地说："医生就是喜欢给没有病的人治病，用这种方法来炫耀医术高明。"

过了十天，扁鹊又见到蔡桓公，说："君侯的病已发展到皮肤下的肌肉了，如不马上治疗病情就会加重。"

一见面又是说病，桓公自然是老大不高兴。

又过了十天，扁鹊又去找蔡桓公说："君侯的病已深入肠胃，如不马上着手医治，病情就会发展到不可收拾。"

蔡桓公怪扁鹊太多事，把脸一沉不搭理他。

再过十天，扁鹊一见到蔡桓公转身就跑了。蔡桓公觉得十分纳闷，特地派人去问他何以逃跑，扁鹊说："病在皮肤用热水烫烫，用外药敷敷就行；病在肌肉用金针和石针，也不难根治；病在肠胃喝几付清火退热的汤药，也可以慢慢把病治好；病情已恶化到了骨髓，这只有老天才能妙手回春，人力对它就无可奈何了。蔡桓公的病已经深入骨髓，他再找我也无能为力了。"

没过五天，蔡桓公就全身发热，高烧不退，疼痛难当，他再也俏皮不起

《老子》
64个人生智慧

来了，差人四处寻找扁鹊，而扁鹊此时已逃到秦国去了。

又挨过了五天，蔡桓公就一命呜呼了。

良医总不等到病人骨髓才治病，聪明人不会到大祸临头才提防。

老子的提示对日益沉迷的人类具有深刻的启发意义，他告诉人们，所有强大的、不可战胜的事物都有它的萌芽时期，萌芽时期的事物正处于柔弱阶段，如果人们善于把握事物的这种规律，就能够防患于未然。他指出："为之于未有，治之于未乱。"正是对能瞻前而不能顾后的人类的提醒。

诚然，不能随意地把老子提出的一些事物规律视为科学，但老子所说的诸如"图难于其易，为大于其细。天下难事，必作于易；天下大事，必作于细。是以圣人终不为大，故能成其大"有谁能否认是真理呢？

老子洞察了万物对生命的坚守从来都不是通过变换表面形式来故弄玄虚，而是真诚地顺从自然，就感到人类的许多行为确实是脱离自然界太远了。而且，人类犹如急行军，对生命质量的提高会有真实帮助吗？老子不认为人生应该如此度过。

老子在此强调了一切灾难和祸患都因有所作为和心理偏执而起，他说："是以圣人无为故无败，无执故无失。民之从事，常于几成而败之。慎终如始，则无败事。"不试图有所作为，自然比较少有失败；个人行为不偏执，自然比较少有失误。老子认为，一般的人做事情，因为不懂无为的道理，亦不能把一件事情从始到终地以一种极其慎重的态度来进行，他们虽然永远在忙碌着，却总在事情眼看着即将成功的时候失败了。

智慧 05
留有空间才好发展

【原文】

"三十辐共一毂,当其无,有车之用。埏埴以为器,当其无,有器之用。凿户牖以为室,当其无,有室之用。故有之以为利,无之以为用。"

【解析】

三十根辐条安在一个轴瓦上,靠着轴瓦当中的本来就有的那个空间,才造就了车子的用途。和泥制成器皿,靠着它当中本来就有的那个空间,才成就了器皿的用途。凿开门窗建成房屋,靠着四壁当中本来就有的那个空间,才有房屋的作用。所以,制造出来的东西("有")只是提供了一个条件,最后使用的仍是本来就有的那个空间("无")。

一般人只注意实有的作用,而忽略空虚的作用。老子举了三个例子说明:"有"和"无"是相互依存,相互作用的;无形的东西能产生很大的作用,只是不容易为一般人所觉察。

有了实物("有")才有利用价值;有了虚空("无")才能发挥种种功能、作用。

老子说:"当其无有,车之用也。"就是说,车轮是空的,所以能转动起来。如果实心如菜板,也能转,但必不畅快。车轮是空心的,所以能转动。菜板实心,所以转动不灵。这实际上道出了一个简单的道理,一切事物要留出空间才能发展。

苏格拉底在与朋友聚会时常常会凝视空酒瓶。有回柏拉图忍不住问他:"老师,你为什么看着空酒瓶?"

苏格拉底说:"因为空酒瓶能装酒。"

《老子》
64个人生智慧

柏拉图没明白过来。

苏格拉底说:"酒瓶满了就不能装酒。"

柏拉图大悟。

把"无"的东西硬当作是"有",为它烦恼,也是相当愚蠢的。在西方哲人身上也发生过这样的事情,苏格拉底用一个十分浅显的例子,向柏拉图说明一个与东方哲人老子如此相似的一个道理,在我们今天看来他们的思想是相当简单,又是相当深邃的。

从前有两个穷人,因为欠下了外债,便商量好趁着天黑逃跑。逃跑途中坐在路边休息时,其中一个人说:"唉,你说,如果咱们这么走着走着忽然捡到一大笔钱的话应该怎么分呢?"

另外一个人说道:"如果捡到那么多钱的话,当然是每人分一半,你应该给我分一半。"

提出问题的那个人说:"你想得倒是不错。那可不行。钱这东西,谁捡到了就是谁的,凭什么分给你一半?"

另外一个人生气了,叫道:"什么?咱们一起赶路,捡到了钱当然是一人一半了,难道你想独吞不成?想不到你居然是这种贪财之人,太不够朋友了!"他越说越激动。

提出问题的人也急了,嚷道:"你凭什么骂我呀?你算是什么东西?"

就这样两个人越吵越激动,越吵越生气,最后终于扭打起来了。

这时,正好有一个人从他们身边经过,看到这两个人大打出手,便过来劝解道:"喂!你们这是干什么呀?究竟为了什么打成这样呢?"

两个人中的一个人说道:"正好请你来评一评理,我们两个人一起出门,这个家伙捡了钱却不肯分给我,想要独吞。"另一个人也不示弱地说:"对,请你评一评理,我捡到的钱当然是我的,这个小子凭什么要分一半,太无耻了吧。"

劝架的人说:"你们都别激动,让我给你们调解调解。你们先告诉我,到底捡了多少钱呢?"

智慧 05
留有空间才好发展

听了这个问题,那两个打架的人都傻了眼,他们异口同声地说:"还没有捡到呢。"劝架的人闻言不禁哈哈大笑,说道:"你们为本来没有的东西打起来,这又何苦呢?"

话又说回来了,即使真的捡到了钱,也不必为这种本质为"无"的身外之物而烦恼吧。

世界上发生过很多为了夺取"有"的战争。比如争夺土地、争夺财富。土地和财富固然有用,然而人们有没有想过,这种"有"是从何处来的?没错,是从"无"中来的。"无"相当于老子说的"玄牝",也相当于佛家讲的"虚空"。所以这些"有"终将归虚空,那么,为了它而起争执,弄得两败俱伤,值得吗?

《老子》
64个人生智慧

智慧 06
树立自己坚定的信念

【原文】

"善建者不拔，善抱者不脱。"

【解析】

其意就是说：善于树立信念的人，他的信念一旦建立起来，就不可能再更改，永远不会动摇；而且，他会把信念牢牢抱在怀里，任谁也夺不走，骗不走，偷不走，永远也不会丧失。

人生于大道之中，与万物相融，但又高于万物之上，其原因在哪里呢？就在于我们人类是有意识的，正因为有这种意识，我们才会有树立起信念的概念。然而一旦有了这种树立信念的概念，就会有毁掉信念的可能，如果没有这种树立的概念，自然也就没有毁掉的概念，没有毁掉就是不可能毁掉，不可能毁掉的信念不就是永恒的信念吗？

只要我们能像老子说的那样，拥有一个善于树立信念的意识，拥有一颗坚定信念的心，就没有我们做不成的事！

只有将自己与别人比较，顺其自然，你才能真正明白自己缺少什么，应该如何去做！

古时候有个叫乐羊子的人，他娶了一位知书达理、勤劳贤惠的好妻子来辅佐自己，并力求上进，做个有抱负的人。

妻子常常跟乐羊子说："你是一个七尺男子汉，要多学些有用的知识，将来好做大事，天天待在家里或只在乡里四邻转悠一下，开阔不了眼界，长不了见识，不会有什么出息的。不如带些盘缠，到远方去找名师学习本领来充实自己，也不枉活一世啊！"

智慧 06
树立自己坚定的信念

日子一长，乐羊子被说动了，就按照妻子的话收拾好行李出远门去了。自从和乐羊子依依惜别后，妻子一天比一天思念自己的丈夫，记挂他在异乡求学的情况，但她把这份惦念埋在心底，只是每天不停地织布干活来排遣这份心情，好让乐羊子安心学习，不牵挂自己和家里。

一天，妻子正织着布，忽然听见有人敲门。她过去开了门一看，简直不敢相信自己的眼睛，站在面前的竟然是自己日夜想念的丈夫。她高兴极了，忙将丈夫迎进屋坐下。可是惊喜了没多久，妻子似乎想起了什么，疑惑地问："才刚刚过了一年，你怎么就回来了，是出了什么事？"乐羊子望着妻子笑答："没什么事，只是离别的日子太久了，我对你朝思暮想，实在是忍受不了，就回来了。"

妻子听了这话，半晌无语，表情很是难过。她抓起剪刀，快步走到织布机前"咔嚓咔嚓"地把织了一大半的布都剪断了。

乐羊子吃了一惊，问道："你这是干什么？"

妻子回答说："这匹布是我日日夜夜不停地织呀织呀，它才一丝一缕地积累起来，一分一毫地变长起来，终于织成了一匹布。现在我把它剪断了，白白浪费了宝贵的光阴，它也永远不能恢复为整匹布了。学习也是一样的道理，要一点点地积累知识才能成功。你现在半途而废，不愿坚持到底，不是和我剪断布一样可惜吗？"

乐羊子听了这番话恍然大悟，意识到自己错了，不由得羞愧不已。他再次离开家去求学，整整过了7年才终于学成而返。

乐羊子妻以她的远见和勇气帮助丈夫坚持了求学的意志，而乐羊子也终于以惊人的毅力克服困难，坚持学习。

不只学习需要持之以恒、坚忍不拔的精神，做其他任何事情都有需要这种精神，我们应该磨炼自己的意志，不懈地努力。应该坚定自己的信念。

不管做多么平常的事情，没有一个坚定的信念是不行的！没有吃苦的准备是不行的！没有碰壁的过程是不行的！没有拼死的精神就更不行！那只会知难而退，自己给自己找托词、放大假的人，就只能是一事无成！

《老子》
64个人生智慧

美国有位著名企业家叫查尔斯·施瓦布。他属下的一个工厂总是完不成定额。施瓦布试着换了好几任厂长，然而都不奏效。后来，他任命了一位自己十分欣赏的人做厂长，但是产量仍然没有见效。于是，施瓦布决定自己亲自处理这件事。

他来到工厂车间时，正值日班工人要下班，夜班工人要接班。施瓦布问一个工人，"你们今天炼了几炉钢？"

"六炉。"这个工人答道。

施瓦布在一块小黑板上写了一个"六"字，再巡视了一下工厂就回去了。

夜班工人上班了，看到黑板上出现一个"六"字，十分好奇，忙问门卫是什么意思。"施瓦布今天来过这里，"门卫说，"他问白班工人炼了多少，知道是六炉后，他就在黑板上写了这个数字。"

第二天早晨，施瓦布又来到工厂，特意看了看黑板，看到夜班工人把"六"换成了"七"，十分满意地离开了。

白班工人第二天早晨上班时都看到了"七"。一位爱激动的工人大声喊道："这意思是说夜班工人比我们强，我们要让他们看看并不是那么回事。"

当他们交班时，黑板上出现了一个巨大的"十"字。

就这样，两班工人竞争起来，这个工厂的产量很快超越了其他工厂。

如果他落后，那是人为意志的消沉，这在很多情况下是消极的环境造成的。但人不容易服输的，必要时可以跟人比一比。竞争更易激发人的斗志，更易使人获得进步。

所以，时常鼓励自己超过他人，为自己加油，也是一种积极的方法。

智慧 07
学会客观地观察自己

【原文】

"天下有始,以为天下母。既得其母,以知其子;既知其子,复守其母,没身不殆。塞其兑,闭其门,终身不勤。开其兑,济其事,终身不棘。见小曰明,守柔曰强。用其光,复归其明,无遗身殃,是谓袭常。"

【解析】

天下万物都有起始,以此为天下万物的根源。如果得知根源,就可以认识它所生出的万物;如果认识了万物,又守持着万物的根源,就终身都不会遭到危险。塞住嗜欲的孔窍,闭起嗜欲的门径,终身不至劳碌。打开嗜欲的孔窍,增添纷杂的事务,终身都无法解脱。能察见细微叫"明",能坚守雌柔叫"强"。广泛运用以上的道理,就不会给自己带来祸殃,这就叫作遵循常道。

老子认为我们应当学会站在自然大道的立场观看自己,让自己保持与大道一样的德性,塞住贪婪的孔目,闭住嗜欲的门径,坚守柔弱,这样就无灾无害了。

我们总是不能够从事物的客观立场来观察世界的本质,总以自身的感受和观点来认识世界,也就对事物产生了片面性的认识,比较主观盲目,从而产生自负的心理,这样也就给我们招来不少的灾祸。

有一句话说"旁观者清,当局者迷",就是要站在客观的立场上分析和判断。这也就是说我们也一直在劝诫自己去做一个旁观者,站在事物的立场去看待事物,就像站在山顶看山谷一样。但是,又有多少人能做到呢?

在我们的心中有许多的欲望和杂念干扰着我们,使我们的心灵不断受到

《老子》
64个人生智慧

束缚,从而也就无法回归清净自然的大道中去,也就无法使我们的心灵在清净无为的天空中获得自由翱翔的能力。结果导致我们的心灵总是被关在一个非常狭窄的空间里,看到的也就是一小片天空而已,犹如井底之蛙,束缚了我们视线,听到的也是单调的音律,又怎能了解世界的全部,又怎能看清万物的起始呢?

老子教给我们一种认识的方法,要求我们学会从另外的立场来观看自己。我们人类最大的毛病在于喜欢从自己的角度看自己,不能从另外的立场来观看自己。

在一座山上住着一户人家,平日辛勤地耕种,生活还算过得去,只是如果有个额外的开销,经济就会变得很吃紧。

这天,主人有一位很久以前认识的朋友千里迢迢地来访,让主人十分高兴,虽然很少见面,但是交情还算不错。

有朋自远方来不亦乐乎,所以主人特别要妻子煮一些下酒好菜,两人高兴谈论到天明。谁知道,客人这么一住下来,就连续住了很长一段日子,且似乎没有打道回府的意思。

此时,家里的菜已经快要吃光了,偏偏正逢梅雨季节,户外的雨水从来没有停过,无法下山去买粮,真是糟糕。

妻子说:"你也想想办法啊!"

主人说:"他不走,我总不能请他自己离开吧!"

妻子说:"不管怎样,现在是没米下锅了、没菜可吃了,你再不想办法,我们三个人一起饿死好了!"

越说越气愤的妻子,说完之后,就拂袖而去,留下不知该如何的主人。

隔天,吃完饭后,主人陪着客人聊天,并看看窗外的景致,谈谈过去的日子。

这时候,主人忽然看到庭院的树上一只鸟正在躲雨,而且那只鸟的体形非常大,是以前都没有见过的鸟类。

于是,主人灵机一动,对着客人说:"你远道而来,这几天我都没有准备什么丰富的菜肴招待你,真是不好意思!"

智慧 07
学会客观地观察自己

客人:"别这么说,我觉得一切都很好,不但你和嫂子款待周到,而且吃得好、睡得好,感激不尽啊!"

主人:"你看到窗外树上有一只小鸟吗?"

客人:"看到了,怎么啦?"

主人:"我准备拿把斧头把树砍了,然后抓那只鸟来煮,晚上我们喝酒时,才有下酒菜呀,你觉得如何?"

客人想了半天,十分疑惑地问:"当你砍树的时候,可能鸟儿早就飞掉了,你怎么抓住它呢?"

主人悻悻然地看着完全不解主人用心的客人,无力地回答:"不会的,在这个人世间,还有更多不知人情世故的呆鸟,大树都已经倒了,还不知道要飞呢!"

客人:"真的?有那么笨的呆鸟吗?那么,这种鸟一定让人伤透脑筋了吧?"

这位客人,就是一个只会看到自己的人,他不会站在对方的立场去看自己,自然不会明白对方的意思了。倘若事关自己前途和命运的大事,这样糊里糊涂地只想到自己,而看不到自己以外的事物,恐怕就不只是惹别人不高兴的问题了吧!

《老子》
64个人生智慧

智慧08
战胜自己才是强者

【原文】

"知人者智,自知者明。胜人者有力,自胜者强。知足者富,强行者有志。不失其所者久,死而不亡者寿。"

【解析】

能认清别人叫作智,能认清自己才叫明。能战胜别人叫作有力,能战胜自己才叫强。知足的人富有,坚持做下去的人有志。不失去根基的人能保持长久,虽死而不被遗忘的人才是永生。

"知人者智"。老子首先着重强调了能够了解别人的智慧。人类的通病是往往喜欢自以为是,几乎没有人不认为自己具有了解他人的能力。

从古代的"知人善任"成语而逐渐发展出了现代的心理分析学,这门新兴学科目前已成为盛行于全世界、专门了解别人的高深学问,也许我们可以给心理学以一定的学术地位,但并不等于说心理学真的能够了解别人。

我们知道,人类既然拥有比较相近的天文、地理等大自然背景,也当然会有许多共同的习性、规律、原则以及嗜好,但落实到对具体问题的看法上——不同的文明、文化已经把人类隔绝为地域性生物,国家、社会又把不同等级的人分裂为不同的群体——几乎没有人能够清晰地了解别人的思想。所以,老子把知人作为极大的智慧。

"自知者明"。按照我们的普通想法,不能真正了解别人,但总应该认识自己吧?其实却大不然。人类是群体生物,所以所有的人都不但希望了解别人、把持别人、管理和领导别人,更希望自己能够了解自己、把持自己、管理自己。但事实上,每个人不但无法了解别人,而且在大多数时候也不能

智慧 08
战胜自己才是强者

了解自己，这就是为什么大多数人虽然智力方面并没有问题却始终不能获得事业成功的原因。只有了解自己，才能控制自己和管理自己的行为，使自己获得一种自己能够认可的成功。

"胜人者有力"。能够战胜别人是有力量，这一点为世人所公认。就人类社会的发展途径看，一般先天体质比较优越的人大多成为最早的民族英雄乃至领袖人物。后来，这一类型的人在所有动荡年代以及战争时期出尽了风头，而在缺少混乱的和平环境中，他们便大多沦为游走江湖的草莽英雄、驰骋于运动场上的运动家或港口码头上的体力劳动者；一般先天体质较弱的人则大多成为巫师、思想家或文化人，依靠贩卖头脑中的才智和谋略或披金挂紫而出人头地或占卜摇卦而潦倒终生。

"自胜者强"。战胜别人，一个人只要凭理智或运气而选择对了行动的正确途径，至少在表面上尚不难做到。但战胜自己，则无论对于任何人来说——伟人与平民一样——都是非常困难的。在大多数情形下，人们只要具有勇敢、坚强、果决和机智的特点，战胜别人并不十分困难，但战胜自己却并非容易。古往今来，不可胜数的伟大人物和杰出事业家，基本上都能够战胜对手，却最终毁在自己手里。自己能够战胜自己，才能够克服自己的弱点，才能够始终保持清醒。

出于对世人不能理解正确道理而屡屡步入歧途的深切忧虑，老子提出了矫正这种时代弊端的方法。

老子指出："知不知，上；不知知，病。夫惟病病，是以不病。圣人不病，以其病病，是以不病。"这一段话大意是，知道自己有不知道，是高明；不知道而自以为知道，是毛病。因为能够把毛病看作是毛病，所以没有毛病。圣人没有毛病，是因为知道病是病，所以没有毛病。老子在此比较温和地批评了那些自以为是、自作聪明的人，正是这些人把一些病态的东西当作了自以为是的资本而四处卖弄、四处兜售、四处宣传、四处拨弄是非，致使大局日益不堪。

老子的告诫，对所有在虚伪知识界挣扎求索的人，对怀抱一些虚伪认识

《老子》
64个人生智慧

而努力要阐述真理的人，都是当头棒喝。

在自知之明的问题上，中国古代哲人们有非常相似的观点。孔子有言曰："知之为知之，不知为不知，是知也。"（《论语·为政》）在老子看来，真正领会"道"之精髓的圣人，不轻易下断语，即使是对已知的事物，也不会妄自臆断，而是把已知当作未知，这是虚心的求学态度。只有这个态度，才能使人不断地探求真理。

所以，老子认为，"知不知"，才是最高明的。在古今社会生活中，刚愎自用、自以为是的人并不少见。这些人缺乏自知之明，刚刚学到一点儿知识，就以为了不起，从而目中无人，目空一切，甚至把自己的老师也不放在眼中。这些人肆意贬低别人，抬高自己，以为老子天下第一，这说到底，如果不是道德品质问题，那就是没有自知之明。

知人不易，自知更难。古希腊也有近似的名言："认识你自己。"认识自我是人类永远也不会完成的任务，直到今天，人们还一再强调"人贵有自知之明"。怎样才能真正对自己有一个比较准确的认识呢？

这需要我们进行广泛的社会交往，人也和任何其他的事物一样，是在相互比较中获得对自己的正确认识的。如有人谈到自己的能力时说："不前不后处中游"，"比上不足，比下有余"。这一认识就是通过比较得来的。同时，更重要的是要进行广泛的社会实践，在实践中不断丰富和修正对自己的认识。

例如，有个朋友天性好动，喜欢蹦蹦跳跳，从小就想当一名跳高运动员，上初中一年级后，一次体育老师上体育课时都让大家跳高，这时他才发现自己不是跳高的料，爱蹦蹦跳跳并不等于有跳高才能，他的弹跳力和爆发力都不行。如果不到操场上去试跳几次，只在房间里空想当跳高明星，那他很可能长期还蒙在鼓里。

俗话说："旁观者清，当局者迷。"

苏东坡在《题西林壁》一诗中说：

横看成岭侧成峰，

智慧 08
战胜自己才是强者

远近高低各不同。
不识庐山真面目，
只缘身在此山中。

我们自己看不清自己的主要原因，就和身在庐山反而看不清庐山真面目是一个道理。要使自己对自我有正确认识，还得让自己跳出自我的小圈子，站在旁观者的立场来分析和评价自己。"吾日三省吾身"，就是自己把自己作为对象进行审视，让自己成为自己的审判官。鲁迅先生曾说过："我有时解剖别人，但常常更严格地解剖自己。"这样才能对自己有清醒的认识。

有自知之明的人为人处世都有主见，听到别人吹捧不会飘飘然，受到别人的打击也不至于垂头丧气。

认识自我不是目的，认识自我是为了战胜自我、超越自我。

老子与我们对人生世事的看法常常相反。"强"这个字眼一般是送给那些在激烈竞争中的胜利者，如拳王、击剑能手、摔跤大王。老子的看法是："能够战胜别人的人只能叫作有力，而能够战胜自己的人才算真正的强者。"

《老子》
64个人生智慧

智慧 09
培养洞察细微的能力

【原文】

"将欲歙之,必固张之;将欲弱之,心固强之;将欲废之,必固兴之;将欲夺之,必固与之。是谓微明。"

【解析】

要关闭什么,就意味着它原来是张开的;要削弱什么,就意味着原来它是强大的;要废止什么,就意味着它原来是兴盛的;要夺掉什么,就意味原本有过这个封赏。这就叫作细微的洞察力。

这种做法,表面上看并不合算,实际上却是一种高明的策略。如果我们先给予对方恩惠,以后必会从对方身上收回几倍的回报。这看似糊涂,实则精明。无论是在日常生活中,还是在商场中,都是大有裨益的。

老子把认识这套策略的方法称为"微明",即根据细微的征兆而发现事物的循环规律。其实,在当时列国之间的勾心斗角之中,这套策略早已被各国君主、将相们运用得心应手,而手段之高超尤有过之。

春秋战国时期的宓子贱,是孔子的弟子,鲁国人。有一次齐国进攻鲁国,战火迅速向鲁国单父地区推进,而此时宓子贱正在做单父宰。当时也正值麦收季节,大片的麦子已经成熟了,不久就能够收割入库了,可是战争一来,这眼看到手的粮食就会让齐国抢走。当地一些父老向宓子贱提出建议,说:"麦子马上就熟了,应该赶在齐国军队到来之前,让咱们这里的老百姓去抢收,不管是谁种的,谁抢收了就归谁所有,肥水不流外人田。"另一个也认为:"是啊,这样把粮食打下来,可以增加我们鲁国的粮食,而齐国的军队也抢不走麦子作军粮,他们没有粮食,自然也坚持不了多久。"尽管乡中父老再三请求,

智慧 09
培养洞察细微的能力

宓子贱坚决不同意这种做法,过了一些日子,齐军一来,把单父地区的小麦一抢而空。

为了这件事,许多父老埋怨宓子贱,鲁国的大贵族季孙氏也非常愤怒,派使臣向宓子贱兴师问罪。宓子贱说:"今天没有麦子,明年我们可以再种。如果官府这次发布告令,让人们去抢收麦子,那些不种麦子的人则可能不劳而获,得到不少好处,单父的百姓也许能抢回来一些麦子,但是那些趁火打劫的人以后便会年年期盼敌国的入侵,民风也会变得越来越坏,不是吗?其实单父一年的小麦产量,对于鲁国的强弱的影响微乎其微,鲁国不会因为得到单父的麦子就强大起来,也不会因为失去单父这一年的小麦而衰弱下去。但是如果让单父的老百姓,以至于鲁国的老百姓都存了这种借敌国入侵能获取意外财物的心理,这是危害我们鲁国的大敌,这种侥幸获利的心理难以整治,那才是我们几代人的大损失呀!"

宓子贱自有他的得失观,他之所以拒绝父老的劝谏,让入侵鲁国的齐军抢走了麦子,是认为失掉的是有形的、有限的那一点点粮食,而让民众存有侥幸得财得利的心理才是无形的、无限的、长久的损失。得与失应该如何取舍,宓子贱作出了正确的选择。

同样,郑武公的故事能够给我们更多的启发:

郑武公想攻打胡国。他先把自己的女儿送给胡王,在讨得胡王欢心之后,他召集部下说"我想要扩张领土,应该先进攻哪个国家呢?"这时有一个叫关其思的大臣建议:"胡国是最佳目标。"郑武公闻言大怒:"胡国是兄弟之邦,怎么能够去攻打呢?"于是下令把关其思斩首。胡国国王听到这个消息后,对郑国逐渐放松了警惕,终于被郑军乘虚而入,轻易地占领。

经商中的"先赔后赚"之计,也就是欲取先给。美国人出外旅游,有一个去处可以不花一分钱,甚至还有节余,这个地方就是大西洋赌城。从纽约出发,到那里来回车费才20美元,到达后马上可以得到赌城当局馈赠的15美元现金,还有一顿丰盛的自助餐。第二次来时,凭车票又可以得到8美元回赠。

《老子》
64个人生智慧

　　这是赌场老板谋利的一个妙计，吸引顾客前来，来得愈多愈好，因为到赌场来的不赌者寥寥无几，不管赌徒运气如何，总体上是赚少赔多。因此，所谓来去不花钱，实际上花费的是赌场老板从顾客身上赚来的零头。得到最大好处的当然是赌场老板，但顾客心理上还能承受。这就是赌场老板的诀窍。那些标榜"降价销售""有奖销售""买一赠一"的，实际上都是"羊毛出在羊身上"。因此，商战中以此取胜的很多。看似吃亏，实则赚大便宜。

　　商人遇到了难处，他的生意越做越小，于是他请教智尚禅师。禅师说："后面的禅院有一架压水机，你去给我打一桶水来！"

　　半响商人汗流浃背地跑来，说："禅师，压水机下面是枯井。"禅师说："那你就去给我到山下买一桶水吧。"

　　商人去了，回来后仅仅拎了半桶水。禅师说："我不是让你买一桶水吗，怎么才半桶呢？"

　　商人红了脸，连忙解释说："不是我怕花钱，山高路远，实在不容易啊！"

　　"可是我需要一桶水啊，你再跑一趟吧！"禅师坚持说。

　　商人又到山下买了一桶水回来。禅师说，现在我可以告诉你解决问题的办法了。于是，带他来到压水机旁，说："将那半桶水统统倒进去。"商人非常疑惑，犹豫着。

　　"倒进去！"禅师命令。

　　于是，商人将那半桶水倒进压水机里。禅师让他压水看看。商人压水，可只听那喷口呼呼作响，没有一滴水出来，那半桶水全部让压水机吞进去了。商人恍然大悟，他又拎起那整桶的水全部倒进去，再压，果然清澈的水喷涌而出。

　　禅师说：万事皆因果，得有前因才能有后果，假如你不付出自己的水，没有足够的压力，它就一滴都不会回报你，想得到更多的回报，就必须先舍得付出啊！

智慧 10
遵循水的大智慧

【原文】

"上善若水。水善利万物,而不争;处众人之所恶,故几于道。居善地,心善渊,与善仁,言善信,正善治,事善能,动善时。夫唯不争,故无尤。"

【解析】

老子认为最好的品质就像水那样。水具有滋润万物的不变本性,而与万物毫不冲突;水具有宽广的胸怀,甘居众人所厌恶的卑下、垢浊的地方。所以,水的品质接近于"道"了。居住以在地面为善,心以安于低处为善,与人交往以采取仁的态度为善,言谈以守信为善,为政以清平为善,做事以量力而行为善,行动以合乎时宜为善。正因为什么也不争,所以也就不会有什么过失。

在自然界万事万物中,老子最赞美水,他认为水德是近于道的。而理想中的"圣人"是道的体现者,因为他的言行有类于水。

水是稀的、软的、无色透明的,一句话,水性温柔。光线直来直往,水比光更体贴。一个人站在阳光下还会形成阴影,一个人泡在水里则全身都充满温柔的呵护。水对人的日常生活是必需的,对人的精神生活更是必需的。老子主张"阴柔",就是取象于水。水是阴柔的,这种阴柔会聚集巨大能量。洪水也是阴柔的,但它同时也非常阳刚。

"水善利万物。"就是说水是一切生命之源,给万物以利益。水之所以善利万物,是因为它本身是流动的、运动的、功成不居的,所以能够成全万物。

老子赞扬水有"处众人之所恶"的美德,意思是不择高低凸凹,一路流过,相当公平无私。大地表面凹凸不平,凸处多风比较干净,凹处空气流通不畅,

《老子》
64个人生智慧

渐渐会聚集为草木腐朽的场所，时间一久就会弥漫令人窒息的气味。水从高处往下流，流经凸处，冲洗之；流经凹处，还是冲洗之。这样泥沙俱下一路过来冲走了所有的脏东西。因为水是流动的，所以它本身永远清洁。万物受其恩赐，也变得清洁。水像"道"一样，无所不成、无所不摧。

老子并列出七个"善"字排比句，都是得到水的启发。最后的结论是：为人处世的要旨是"不争"。也就是说，宁处别人之所恶也不去与人争利，所以别人也没有什么怨尤。其中"心善渊"，意思就是心灵像渊水一样深邃，善于自守。之所以能自守，是因为已经历了该经历的一切。

这一节的中心思想就是"上善若水"，意思是人最好的状态就是像水一样。主要是像水的流动，像水的涓流成河、百川归海，像水的目标清晰，往既定的方向流去。我们做事当如水，曲折而坚定地奔向前方。

南隐是日本明治时代的一位著名禅师。有一天，一位自大得出名的大学教授特意来向他"请教"禅学问题。名为请教，实为借机自吹。南隐禅师当然知道教授的来意，不过还是要以茶相待。他把茶水注入这位教授的茶杯中，茶杯中的水很快就满了，他却没有停手，还是继续往里倒。那位教授眼睁睁地看着茶水不停地从杯中溢出来，觉得再也不能沉默了，终于说道："不要再倒了！水已经满出来了！"南隐禅师听了，不再注水了。他对教授说："你就像这只杯子一样，里面已经装满了你自己的看法和想法，你不先把你自己杯子里的水倒空，叫我如何对你说禅呢？"

的确，心中已经装满"自我"两个字，哪里还学得了水的德行！水柔静，处下，不争，善利万物，默默无闻地奉献，的确为我们立身处世的典范，也难怪老子认为：人类的最高德行是什么？个人怎样成就他的至高德行？我们唯有学习水的性格、品德和行为。

对于水，人类当然不陌生——即使在缺水的沙漠地区亦莫能除外。说水是地球上一切生命起源的最重要因素之一，是不会引起多少异议的。

水滋养万物，无私奉献而不争，别人都不喜欢的地方它也去，所以水已经接近于道了。

智慧 10
遵循水的大智慧

水是粮食的粮食。五谷杂粮缺少水就不能生长，人离开水就会死去，水对人有双重之恩。

水是坚硬的，因为它足以摧毁一切，因此老子指出：人必须"上善若水"。意思是要像水一样，这样就能以水克水。老子说："柔之胜刚也，弱之胜强也。"说的就是这个意思。

老子说水"几于道"，意思是水像大道一样无所不成，无所不摧。在《圣经·旧经》里，上帝耶和华常用"火"的手段焚毁不义之城，而在中国上古时，天帝常用"水"的手段冲毁不义之国或不义之君的都城，如盘庚当初就是因为失德而被迫迁都，大禹治水也是个治德的过程。

老子说："水善利万物。"就是说水是一切生命之源，给万物以利益。水就是《易经》八卦之一的"坎"卦。《易传·系辞下·说卦》云："坎者，水也。"水之所以善利万物，是因为它本身是流动的、运动的、功成不居的，所以能成全万物。

老子说："知其雄，守其雌，为天下溪。"就是说通晓阴阳两道，就可以为天下的总汇，让一切流向"我"，一切资源为我享用。水是阴，但光凭"阴"还不能懂水、会水、用水、玩水，还必须懂阳。比如游泳，水是阴，人是阳。阳入阴中，阴把阳浮起来，这时的人感觉就像水一样，阴阳都是阴，人与水都是水，所以能自由游泳。

老子说"上善若水"，意思是人最好的状态就是像水一样。主要是像水的流动，像水的涓流成河、百川归海，像水的目标清晰，往既定的方向流去。我们做事当如水，曲折而坚定地奔向前方。"天地相合，以俞甘露。""俞"就是"降"的意思。老子这句话的意思是：天地之道相吻合时，就会降下甘露。什么时候天地之道相吻合呢？人得到天地之道就能吻合。

《老子》
64个人生智慧

智慧11
无为而后才有大作为

【原文】

"圣人处无为之事,行不言之教。万物作焉而不辞。生而不有,为而不恃,功成而弗居。夫唯弗居,是以不去。"

【解析】

这句话的意思就是圣人用无为的观点对待世事,用不言的方式施行教化:听任万物自然兴起而不为其创始,有所施为,但不加自己的倾向,功成业就而不自居。正由于不居功,就无所谓失去。

无为不是无所作为,而是要按照自然界的"无为"的规律办事。老子非常重视矛盾的对立和转化,他的这一见解,恰好是朴素辩证法思想的具体运用。他幻想着有所谓"圣人"能够依照客观规律,以无为的方式去化解矛盾,促进自然的改造和社会的发展。在这里,老子并非夸大了人的被动性,而是主张发挥人的创造性,像"圣人"那样,用无为的手段达到有为的目的。

显然,在老子哲学中有发挥主观能动性,去贡献自己的力量,去成就大众的事业的积极进取的因素。

"无为"不是什么都不做,而是顺应自然,不轻举妄动,在未认清事物发展的内在规律时,暂时不轻易去做。"无为之事"指"无事"状态,"不言之教"指"无言的教益"。

什么是圣人?圣人就是智者,说通俗点就是聪明人。聪明人的一大特征就是有所不为,知道趋吉避凶,有的事情一定去做,有的事情一定不做,有的事情可做可不做。

对于聪明人来说,做不做某事首先是建立在对该事的认知上,看清这件

智慧 11
无为而后才有大作为

事的性质，掂量值不值得做，能不能做，能做到什么程度。

比如一块大石头拦在眼前，这时就不能轻易地认为这是一块拦路石，它自有妙用：可做天然床，躺在上面休息；可做垫脚石，站在上面瞭望前方；又是拦路石，必须绕道而行。

由此，我们发现"石头原理"：一块石头的功能是多样的，它并不是一块简单的石头。世界上没有性能单一的事物。

所以，我们认识某事某物必须启动以下程序：

一、了解它有多少功能，有多少状态；

二、了解它正在使用什么功能，处于什么状态。

"无为"当以"格物"（认知事物）为前提。它不着急行动，先认清眼前之物与眼前之态再说。

比如一个人走到一块石头面前，如果他配合以上石头的几种功能展开行动，将受石头之道的控制，这就是"有为"。如果他不动也不走近，将使石头的各项功能都得不到发挥，这就是"无为"。

在无为状态中，人为阴，石头为阳，阴阳之间是中间物"空"。表面上空气隔开了人与石头，实际上是思维隔开了人与石头。我们假定石头没有思维，人有思维，中间物"空"也有思维，那么造成这种无为——隔离状态的就是有思胜无思，即：

无为胜有为：有思胜无思。

亦即：无为；有思。

这种做事的无为状态乃是思考的结果。不妄为，不非为。

所谓无为状态，具体而言是指：

一、远距离隔离；

二、近距离感知；

三、零距离吞噬。

零距离吞噬，是指解决问题，如化险为夷、化难为易、化繁为简、化粗为精……即化"有"为"无"。

《老子》
64个人生智慧

就这样，一块石头就被人用"无为"的手段解决了。人在此避开了石头的所有功能，只把它当无知无欲、无能无量的自然之物对待。

当某事在我们面前出现，即可应用这一"无为原理"予以解决：

一、先远距离隔离，看这是件什么事。

二、再近距离感知，看此事怎样上手。

三、最后零距离吞噬，通过做人来做事，修身养性，于是成功。

这就是以"无为"的方式做事的简单原理。

比如我们要养成好的习惯，按习惯自然而然地去办事就很容易成功。

从行为方式上分，人的行为可以分为定型性行为和非定型性行为。

习惯就是一种定型性行为，是经过反复练习而形成的语言、思维、行为等生活方式。

从心理上来说，行为一旦变成了习惯，就会成为人的一种需要。当你再遇到这类情景的时候，不用过脑子就会这样做。如果不这样做，就会觉得很别扭。这说明行为已经具有了相对的稳定性，具有了自动化的作用。它不需要人们去监督、提醒，也不需要自己的意志去努力，是一种省时省力的自然动作，也就是平常说的"习惯成自然"。

有一条众人皆知的名言：性格决定命运。

那么，性格是什么决定的呢？习惯！

习惯左右着人的思想和行为，决定着人的选择和命运。专家的研究成果表明，人类90%的行为出自习惯支配，对生活中无以计数的问题的处理，无不打上习惯的印痕。习惯让人行为敏捷或行动笨拙，习惯使人聪慧灵透或者呆头呆脑。习惯是天使，也是魔鬼。好习惯可以让人插上翅膀，飞向天堂；坏习惯可以让人铐上锁链，坠入地狱。

智慧 12
无为才能无所不能

> 【原文】
> "为无为,则无不治。"
>
> 【解析】
> 老子始终认为圣人只有按照"无为"的原则去做,办事顺应自然,那么,天下就不会不太平了。

天天听人说老子"无为",可到底"无为"是什么,许多人并不知道。具体来讲,"无为"有9种含义:

一、无为就是"无所为",指不做什么的状态。人们经常回答别人问他"最近做什么呢"时说"不做什么",这个"不做什么"就是无所为,含义简单,一般指"没做什么""不打算做什么""暂时没事做或暂时不想做事"。"无所为"即无所谓。

二、无为就是"不做",指一种拒绝的态度。"君子无为"通常就是指君子有所不为的意思。老子说的"无为"通常就是指不做。不是少做,而是不做。不是少吃一点,而是根本不吃。这就不是随便了,而是有绝对的坚持。"无为"拒绝一切,是一种智慧的高姿态,表示我已经山历海,剩下的事就是与自己对话,外物于我如浮云,浮云于我如不存在。"不做"是完美的。

三、无为就是"勿为",指不要做。这是对"不做"这一自我意志的外化,要求不要做某事。这种要求已构成事件,要求别人或自己不要做某事,这本身就是一件事。用事来做事就会陷入事的连环套,多不能得。所以要用人来做事,不要用事来做事。要求别人或自己"勿为"通常是无效的。比如孔子说"非礼勿视",就是无效的。老子不会说这样的话,可见老子在这方面懂

《老子》
64个人生智慧

得比孔子多。

四、无为就是"无以为"，指没有条件做，以至做不起来。这时的"无为"是一种缺陷。

五、无为就是"以无为之"，指不受约束地做事，用无所谓或无所顾忌、甚或无法无天的态度、方法做事。以无为之是一种极高境界，它既不是用事做事，也不是用人做事，而是用"道"做事，人甘当"道"的工具，把自己交出去是自由的，这时往往不重结果，而重在享受过程。

六、无为就是"为无"，指做事追求零结果、零效果，不求得失而求均衡，不求胜负而求和谐。这是一种极高境界，已是道本身。佛经上说："不增不减，不净不垢。"《古兰经》上说："他（指安拉）既不生育，他也不被生育。"与老子"无为"的这一义（为无）相通。

七、无为就是"自为"，指自己规定自身，让外力失效，让外力无所作为。黑格尔《法哲学》上说："这时它（指意志）是自为的自由的，是以自由为对象的，它就是自由。"自为就是自由，其程序分三步走：一是清除外力，不再"他为"；二是自己做自己，自为主宰；三是自己也不做自己，消失主宰，任一切自然，随便。

八、无为就是"清静一下"，指在某时喊暂停，从 Move 到 Stop，热火朝天时不妨暂时冷却，吹吹风。所谓"风"，可以是自然风，外在风，也可以是自己体内的风——清气。人在热辣辣时可以驱动体内清气降温，中医气功治热感冒有一法，就是静坐一下，而不是用毛巾热敷或冷敷。

九、无为就是"暂时休克"，指假寐与假死。孔子第一次见老子时惊叹老子像龙一样，是动态的，活生生之极的。与此相反，《庄子》上讲道人壶子大战郑国神巫季咸，第一次壶子示季咸以"地文"，面如湿灰，季咸认为他要死了；第二次壶子示季咸以"天壤"，季咸认为他起死回生了；第三次壶子示季咸"太冲莫胜"，朦朦胧胧，季咸不识，仓皇逃走。壶子第一次展示的神功就是假死。假死之时，人的全身高度灵敏；看似死了不动，其实比动的活人更有活力。假死之后，人精神焕发有脱胎换骨之功效。佛家说"涅槃"，

智慧 12
无为才能无所不能

基督教说"复活",用的都是"休克功"。当然不同的是休克的方法。这很难,有两层功法:一是我假装;二是我假装自己在假装。第二层功法"我假装自己在假装",其实就是没装,但这个没装又是装的结果,让自己也搞不清楚,所以真正的假装就是连自己也不觉得。

有副对联写得好,上联是"为,无为,为无为",下联是"装,假装,装假装",横批是"非非是是"。

老子"无为之道"的九种基本含义如上所述。

老子看到,人们做事都是在假装,都是虚伪的。"为"即"伪"。"伪"就是"人之所为皆为伪"的意思。为什么人做事是在假装呢?这主要是针对人类每时每刻都处于模仿状态。模仿别人就是假装别人,这时人自身没法不认为自己是虚伪的。

一个男孩向一个女孩说"我爱你"时,他会想到:我说的和电影上一样,至少和别人一样。女孩听了嫣然一笑,问"真的吗"?这样的情节已绝对重复 N 次,每次相同。而人又不能摆脱这种模式,一遍遍下来,让人彻底怀疑其真实性,就像一个警惕的女人一听某位男士向她求爱时说"我爱你",马上就会想到"这是个骗子!"

萨特在其名著《虚无与存在主义》中写道:他曾观察过一个酒吧侍者的行为,发现这个侍者无论是在快乐地吹着口哨向客人送酒送茶时,还是皱着眉头收拾桌子时,都在表演自身,他在很好地诠释自己的身份,很好地使侍者更像侍者,达到完美境界。萨特从而发现:人在表演自身,使自己更像自己的身份。

萨特的这个发现与老子的发现完全一样,虽说晚了 3000 年,对于西方人来说,还很新鲜。

老子说的"无为"就是"勿伪"的意思。"为"就是"伪",人一动就在模仿,人一动就是假的。但人又不能不动,所以成了个"伪人类"。

老子说:"智慧出,有大伪。"意思就是所谓智慧全是用以伪装的把戏,因此人应该"弃圣弃智"。

《老子》
64个人生智慧

"无为"（勿伪）实际上就是"假装在假装"的意思，通过和光同尘混入世道，把它催生催死。比如一个卧底警察打入黑帮，为了使黑帮灭得更快，他就要用黑帮手段帮黑帮壮大。"物壮则老"，这样黑帮就完蛋了。如果这个卧底警察不懂这个，偏要去制恶，将会被黑帮黑掉。

老子就是用黑帮手段帮助这个黑暗的世界，教统治者用帝王术，教平常人用非常道，教人们越阴柔越阳刚，让人们小国寡民，让人们绝圣弃智，等等，意在点醒世人：够了、够了，可以罢手了。

但老子不会像佛家一样说"苦海无边，回头是岸"，而是说"苦海不是海，岸也不是岸，你回的也不是自己的头"，让人彻底空掉，这样才能复活为真人。

老子"无为"，意在去伪。这对我们做人做事有最直接有用的现实指导。我们为什么做得不好？因为"伪得不够"，还不善于模仿别人；我们为什么还没做到最好？因为我们没有"去伪"。

从不知伪到知伪，从伪得不够到伪得太多，最后通过去伪而成真人，这就是人觉悟的一生。

做人求真的人，坦然。

做事求真的人，痛快。

痛快加坦然，人就爽了。

唐朝有个无能子，他在其著作《无能子》上说："所谓本者，无为之为心也。"说的就是人要求本求真，就要以无为为心，就要去伪。

无能子标榜自己"无能"，老子的"无为"其实就是"无能"，就是没有能力。人就是太有能力了，所以丧失基本能力。要想有回天、变天、出九重天的大能力，首先就要使自己无能。

无能有三层意思：

一是去事。去掉杂事、不该做的事、模棱两可的事。

二是去人。走掉、假寐、假死。

三是去能。打掉自己所谓的能力，隐藏自身，如《易经》所言"潜龙勿用"。

智慧 12
无为才能无所不能

去能之后，人就是无能之人。无能故无害，所以能全身。《庄子·逍遥游》讲的那棵无用之树得以避免砍伐，就是得益于无能，得益于无为。

无能让人避害全身。

无能让人有大能。

无能让人全能。

圣人看似无能，其实无所不能。

所谓"无所不能"，不是什么都行，而是有大作为的意思。

无为是大为。——这是上联。

无能即全能。——这是下联。

横批是"生生死死"。

"无为"就是一个空框框，它看似什么也没有，其实什么都有，但什么也不显现出来。凝视空中，你不能说什么都没看见，你至少看见了自己眼睛花。凝视空框，你会发现这真是一个隐秘而完美的世界。

老子痴迷于"无为"，不说话，不做事，最后骑牛出关，不知所终。看似消失天际，其实弥漫太空。任画一圆，都有清气浮动；任画一框，都有生灵出入。

"无"不是无，"无"不是没有，它是指出无，本身不是无。正如写"无"字，本身是有一个"无"字在那里摆着，怎么能说没有呢？它只是表达"无"的意思。

老子的"无为"不是写一个"无"字那么简单，它消减了乃至消除了"无"字的笔画：白纸是白的无、黑字是黑的无，白纸黑字什么也没有，只是无上之无，无与无交叉，两无归一无，1＋1=0。再漂亮的字也有讨厌的一天，不如看字间字外的空白有趣。

《老子》
64个人生智慧

智慧 13
凡事总是过犹不及

【原文】

"为学日益。为道日损。损之又损,以至於无为。无为而不为。取天下常以无事,及其有事,不足以取天下。"

【解析】

追求政教礼乐这类学问,(知识)一天比一天增加;追求对"道"的体悟,(欲望)一天比一天减少。减少了再减少,一直到返璞归真、"无为"的境地。不胡乱去做,就没有一件事做不成。治理天下,经常要用清静无为的方法。至于政治措施繁多严苛,就不足以治理天下了。在这里老子强调做事情一定要按规律去做,不要按着自己的性子胡乱折腾,固执地坚持自己的主张。

有所作为的人必定会失败。固执的人必定会有所失去。因此圣人无所作为,所以不会失败;不固执,所以不会失去。所以圣人要求自己没有欲望,而不看重难以得到的事物;教育人而不依赖个人的说教,沿着前人所经历过的道路前进(吸取前人的经验、教训)。能够辅助万物的自然发展而不敢有所作为。

古今学者们都把"取"字,训为"治"字,把"无事"解为"不勉强从事或不做扰民之事"。其实,按照规律办事,就是无事;不按照规律办事,脱轨乱撞,节外生枝,就是有事。历史证明,有些人常常会自作聪明,脱轨乱撞的,可是不久那"肇事者"灰飞烟灭之后,社会又自然回复到它原来的轨道上。当"肇事者"轰轰烈烈的时候,宇宙规律好像并没有站出来与他相争,而是好像采取极端放任的态度。奇怪的是:不久,回过头来看看,宇宙规律却是"不争而胜"。

智慧 13
凡事总是过犹不及

有一位登山队员，一次他有幸参加了攀登珠穆朗玛峰的活动，到了7800米的高度，他体力支持不住，停了下来。当他讲起这段经历时，人们都很替他惋惜：为什么不再坚持一下呢？再往上攀一点高度，再咬紧一下牙关，爬到顶峰呢？

"不，我最清楚，7800米的海拔是我登山生涯的最高点，我一点也不为此感到遗憾。"他说。

这个人是明智的，他充分了解自己的能力，没有勉强自己，保存了体力，没有受伤而能够平安归来。这是生活中一种美好的境界。

是的，生活并不需要无谓的执着，没有什么真的不能割舍，学会放弃，生活会更容易。

人是有思想感情的，有欲望的，总是向往着完美的境界。然而人生也难免有缺憾。天上的太阳不可能时时当顶，夜晚的月亮不可能夜夜明亮，地上的鲜花不可能四季香艳。人的一生，所谓"青春永驻"只能是良好的愿望而已，是别人对你的美丽的祝福。人生是动态的，社会是不停地运转的，人的生命之花不可能常开不败。这是自然规律，认清这种规律，就要顺应规律，适应这种规律。

人生的苦乐有多种，失去了自以为宝贵的或想得到得不到的，对每个人来说，难免是痛苦之事，但一个人如能坦然面对失去的，并能主动放弃那些可有可无，并不触及生活要义的东西，那他的一生必将赢得更多的轻松和愉快。

人们追求进取的奋斗，我们应该绝不轻言放弃，可现实生活的种种残酷，我们不得不学会放弃。我们不可能什么都能得到，所以我们应该学会放弃。放弃沮丧时的坏心情，放弃一次没有把握的尝试，放弃费力也做不好的事情，放弃一切对自己不利的东西……无谓的执着，常常给自己带来痛苦，增加心理负担，使现实变得残酷。选择放弃，能使人释然，令人豁达。

要想采一束清新的山花，就得放弃城市的舒适；要想做一名登山健儿，就得放弃娇嫩白净的肤色；要想穿越沙漠，就得放弃咖啡和可乐；要想有永远的掌声，就得放弃眼前的虚荣。放弃，并不意味着失去，因为只有放弃才

《老子》
64个人生智慧

会有另一种获得。单从一个角度看，你是得到了；但从另一个角度看，你却可能是失去的更多。

梅、菊放弃安逸和舒适，才能得到笑傲霜雪的艳丽；大地放弃绚丽斑斓的黄昏，才会迎来旭日东升的曙光；春天放弃芳香四溢的花朵，才能走进累累硕果的金秋；船舶放弃安全的港湾，才能在深海中收获满船鱼虾。选择放弃，还要知道该放弃什么，不该放弃什么。

不同年龄时段的人，取舍可能各有不同，一般说来，为了熊掌，可以放弃鱼，放弃上班的奔波劳碌，可以换来自己安排时间的轻松与闲适。

选择放弃，不是萎靡退缩，消极避让，不是扔掉一切，得过且过，而是善于审时度势，从自己的实际出发，有失有得的选择，是为了适应主客观条件变化而作出的恰当的选择。而人生的有些部分，对我们来说是万万不能放弃的，像热爱生活，珍惜时光，保持乐观向上的心情，学而时习之，追求身心健康等等，则是永远也不能放弃的。

与其苦苦地追求那遥不可及的理想，倒不如学会放弃。坚持的精神固然可嘉，但你可知道胜利的背后又有多少不为人知的痛苦与悲伤？放弃那些注定不属于自己的东西，放弃那份带来痛苦的执着，放弃那段伤害自己伤害他人的爱情，去寻找更美好、更适合自己的目标，去寻找能更快达到成功彼岸的航线。

现实生活中，我们选择放弃的又岂止是这些，不管是自己主动放弃还是迫于一种无奈而选择放弃的，放弃昨天的理想，放弃今天的荣誉，放弃亲人、朋友、深爱自己或被自己深爱的人。是啊，人生的真谛也许并不在于获取。进取是一种生存，放弃也是一种生存智慧。有时，放弃也是一种美，一种享受，一种对人生的解脱。

智慧 14
不居功者成大功

【原文】

"万物作焉而不辞,生而不有,为而不恃,功成而不居。夫唯不居,是以不去。"

【解析】

听任万物自然兴起而不为其创始,有所施为,但不加自己的倾向,功成业就而不自居。正由于不居功,就无所谓失去。

不居功的人以其谦让的胸怀表达出了一种成功的境界。在这时人即事业,事业即人,所以说他的成功是有目共睹,无法辞去的。即使他不在其位,其思想仍然指导整个事业的运作。

自然之道,该发生的就会发生。所谓"自然",就是"自己这样"。这是一种使命必达的自然规律与生命规律。人自己给了自己使命与责任,就必须去按程序完成。

一旦进入程序,一旦进入规律,想停止都不可能。比如一棵小树一旦成活,如果不夭折,它就会不断地生长。对于它自身来说,不可能自己停止生长。

这种规律为我们的成功提供了依据,如果已经进入科学的规律与程序,想不成功都不可能。

这种科学的规律与程序就是"道"。

从总处讲,规律决定程序,因为程序既然是有序的,就一定是被某种规律支配使然的。

道的一边是规律,另一边是程序。这样说并不意味着规律与程序从道的两边进入,而是水乳交融的,规律中有程序,程序中有规律。一般来讲,认

《老子》
64个人生智慧

清规律就会自觉自动地走程序。

凡事皆受规律支配，程序显示规律力量，并借助规律的力量，在预设好的科学系统中逐一完成，实现预想。

走程序之所以至关重要，是因为程序能把"他序"（外部规定的顺序）转化成"我序"（自我顺序），能把"无序"转化成"有序"，从而认知并把握事情进展，取得成功。

无为即有序。道都是有序的。

第一次转化：他序——> 我序；

第二次转化：无序——> 有序。

在第一次转化中，自我的潜能被唤醒，把自然融入自我，自我即自然，从而开动既有程序，把外界规定的秩序——"他序"接管为自我秩序——"我序"，依附规律的力量获取成功。

在第二次转化中，混乱状态被有效克服与终结，世界从不可知的变为可知的，从不可捉摸的变成可以操作的，这主要归功于目标的凸显。比如远方出现一座山，这样就会使脚下的路变得清晰起来，有了操作性。

同样，人的目标就是成功。每人成功的目的不同，可以是财富、地位、权力或其他梦想，但所有的成功都是相同的，那就是：成功使人变成他想要成为的"那种人"或"那样"。

成功使人成为大写的人。

没成功前，人是残缺的，只是抽象的人，自己认为是人，其实没得到外界的认可。成功使人得到外界认可，从而落实了"人"的概念，具体为某一种人。

人的目标就是成功。目标的成功实现了道，使人成为道本身。某件事的成功使做成这件事的人成为该事本身。

老子所谓"成功不居"，即讲成功后人与事合二为一，不可分割。这种不可分割就是人对道的实现，从而道成就了人。

当人从山上下来后，山依然以山的姿态告诉人们这里曾站立着一位坚强的登山者。珠峰之所以是珠峰，并不在于它是不可企及的，而在于有人来过；

智慧 14
不居功者成大功

月亮之所以是月亮，也在于有人来过。成功改写了人的概念，使人不仅是生物人，更是一种自然人，充盈他所能到达的整个世界。

人从山上下来后，他带走了整座山。他不居功，他不在山上，但他永远影响着后来的登山者。他是一个始祖，永远以血液影响后人。

《老子》
64个人生智慧

智慧 15
不自满才能不断进步

【原文】

"夫唯不盈，故能蔽而新成。"

【解析】

正因为他从不自满，所以能够去故更新。在这里老子称赞得"道"之士的精神境界远远超出一般人所能理解的水平，他们具有谨慎、警惕、严肃、洒脱、融和、纯朴、旷达、浑厚等人格修养功夫，他们微而不显、含而不露，高深莫测，为人处世，从不自满高傲。

老子说：正因为他从不自满，所以能够去故更新。

河岸上，并排长着两棵枝叶茂盛的小白杨。一天，飞来一只啄木鸟，关切地对它们说："喂，朋友，你们身上生了虫子，我给你们治治吧！"

有一棵小白杨挺起胸脯昂着头，骄傲地说："谁说我身上生了虫，我比谁都健康。"

啄木鸟诚恳地对它们说："你的身上真的有了虫子，不治会害死你的。"

骄傲的小白杨生气了，横蛮地叫喊道："你怎么眼睛老盯在别人身上，用不着你操心！"

另一棵小白杨却低着头，冷静地想了想：啄木鸟指出自己身上有虫子，这是关心他人的健康。于是，它高兴地对啄木鸟说："那就谢谢你，请你帮我治治吧。"

于是，这棵谦虚的小白杨身上的害虫被啄木鸟清除了，在阳光下茁壮成长；那棵骄傲的小白杨身上的虫子越来越多，变得枝叶枯黄，在风雨中摇摇晃晃。

谦虚是聪明理智的表现，使人受益无穷；而骄傲自满是愚蠢无知的产物，

智慧 15
不自满才能不断进步

往往自欺欺人，陷入落后挨打的局面。

人是动物界里最富有情感、最具有思维能力、最能控制自我行为的高级动物。在人们的心目中，人是最最伟大的，更是所向无敌的，人们常常为自己拥有高智商而感到无比的骄傲和无上的自豪。然而，偏差也往往会产生于人们的骄傲、自满与自负之中，因为此时的人们难以控制自己的欲望，而欲望的膨胀就会使人偏离了"好"的方向，从而走向"坏"极端！

骄傲自满是浮躁的一个重要表现形式，骄傲自满是要不得的，它会导致盲目自信，甚至不思进取。凡是骄傲自满的人没有不失败的，所以，要谦虚谨慎、戒骄戒躁。

孔子带着学生到鲁桓公的祠庙里参观的时候，看到了一个可用来装水的器皿，形体倾斜地放在祠庙里。在那时候把这种倾斜的器皿叫欹器。

孔子便向守庙的人问道："请告诉我，这是什么器皿呢？"守庙的人告诉他："这是欹器，是放在座位右边，用来警诫自己，如'座右铭'一般用来伴坐的器皿。"孔子说："我听说这种用来装水的伴坐的器皿，在没有装水或装水少时就会歪倒；水装得适中，不多不少的时候就会是端正的；里面的水装得过多或装满了，它也会翻倒。"说着，孔子回过头来对他的学生们说："你们往里面倒水试试看吧！"学生们听后舀来了水，一个个慢慢地向这个可用来装水的器皿里灌水。果然，当水装得适中的时候，这个器皿就端端正正地在那里。不一会，水灌满了，它就翻倒了，里面的水流了出来。再过了一会儿，器皿里的水流尽了，就倾斜了，又像原来一样歪斜在那里。

这时候，孔子便长长地叹了一口气说道："唉！世上哪里会有太满而不倾覆翻倒的事物啊！"

这则典故借用欹器装满水就倾覆翻倒的现象来说明骄傲自满往往向它的对立面——空虚转化，从而告诉人们要谦虚谨慎，不要骄傲自满，凡骄傲自满的人，没有不失败的。

很久很久以前，大森林里有一只鸟，长得漂亮极了，身上的羽毛是五光十色的，那尾巴比孔雀尾巴还好看。这只鸟还特别会唱歌，它的歌儿唱得比

《老子》
64 个人生智慧

黄莺还好听，森林里谁都喜欢它，欢迎它，爱它，说她是林中的仙子，都管它叫"美丽鸟"。

美丽鸟听大家都这么夸奖它就骄傲起来了，觉得自己特别了不起——比谁长得都好看，比谁唱得都好听，谁也比不了它。它一看见别的鸟飞到它身边，就说："去！躲开我，别把我美丽的衣裳弄脏喽！"它一听见别的鸟儿唱歌，就喊："快闭上你的臭嘴巴，你唱得多难听啊！"

美丽鸟这么骄傲，这么没礼貌，大家都不喜欢它，不爱理它，都不愿跟它玩。美丽鸟不管到哪儿，大家都躲开它。可她还以为大家都怕它呢，更觉得自己了不起了。

这一天，美丽鸟来到一个小山坡，自己又跳舞，又唱歌，别提多臭美了。它抬头一看，哟，山坡上有一堆火，火苗一摇一晃的。她不知道这是什么，就飞过去说："嘿！你是什么鸟？怎么敢在我面前摇头晃脑的？快快滚开！"

火苗不理它，还是一摇一晃地摇动着，而且还发出"噼啪噼啪"的声音。这声音是树枝烧着了发出来的，可是美丽鸟不懂，还以为是火苗在唱歌儿呢，它笑了："哈哈，你这个丑八怪，还要跟我比赛唱歌吗？真是不知好歹，快闭上你的臭嘴，从这里滚开。你要是不走，我就啄死你！"

火苗一摇一晃的，还是发出"噼啪噼啪"的声音，根本不理它。美丽鸟发脾气了，她把眼一瞪，想和火堆干一仗，就往火上扑。"呼"地一下，火堆上冒起一股黑烟。美丽鸟大叫一声："哎呀！"赶紧往外跑。它倒在火堆旁的草地上，心"怦怦"地跳。低头一看，一身五光十色的羽毛全烧焦了，比孔雀还美丽的尾巴也烧光了，急得它大哭大叫，可是嗓子眼儿特别难受，一张开嘴只会"啊——啊——啊——"地叫，再也唱不出好听的声音了。原来，它的嗓子也让烟给呛哑了。

从那以后，美丽鸟身上只有短短的黑毛，光会"啊——啊——"地叫，人们都不再叫它"美丽鸟"了，而管它叫"乌鸦"。它常在树上"啊——啊——"地叫，意思是说："别再骄傲啦，别再骄傲啦！"

智慧 16
世间的根本在于"道"

【原文】

"道可道，非常道。名可名，非常名。无名天地之始。有名万物之母。故常无欲以观其妙。常有欲以观其徼。此两者同出而异名，同谓之玄。玄之又玄，众妙之门。"

【解析】

"道"如果可以用言语来表述，那它就是常"道"（"道"是可以用言语来表述的，它并非一般的"道"）；"名"如果可以用文辞去命名，那它就是常"名"（"名"也是可以说明的，它并非普通的"名"）。"无"可以用来表述天地混沌未开之际的状况；而"有"，则是宇宙万物产生之本原的命名。因此，要常从"无"中去观察领悟"道"的奥妙；要常从"有"中去观察体会"道"的端倪。"无"与"有"这两者，来源相同而名称相异，都可以称之为玄妙、深远。它不是一般的玄妙、深奥，而是玄妙又玄妙、深远又深远，是宇宙天地万物之奥妙的总门。

"道"这个哲学概念，首经老子提出。

这个颇带东方神秘色彩的名词，在《老子》一书中频频出现，它有时似乎在显示宇宙天地间一种无比巨大的原动力；有时又在我们面前描画出天地混沌一片的那种亘古蛮荒的状态；或展示天地初分，万物始生，草萌木长的一派蓬勃生机，如此等等。

从老子对"道"的种种构想中，我们完全可以体味到他对"道"的那种近乎虔诚的膜拜和敬畏的由来。老子对"道"的尊崇，完全源于对自然和自然规律的诚信，这完全有别于那个时代视"天"和"上帝"为绝对权威的思

《老子》
64个人生智慧

想观念。

"道",对老子来说,仅仅是为了彻底摆脱宗教统治而提出的一个新的根据,它比"上帝"更具权威性。

老子的"道"是具有一种对宇宙人生独到的悟解和深刻的体察,这是源于他对自然界的细致入微的观察和一种强烈的神秘主义直觉而至。这种对自然和自然规律的着意关注,是构成老子哲学思想的基石。

如何看"道"?

道就是道路。最早的路在水边,因为原始人每天都要去水边饮水或取水,那时人们都是光脚板,光脚板踩在沙泥地上,脚上又常带着水,所以很容易踩出一条光溜溜的像"刀"一样的东西,原始人就把脚下踩出来的这种"刀"叫作"刀",也就是"道"了。"道"就是"刀"的谐音,在甲骨文里"道"原本写成"刀"。原始人把"道"比喻成"刀"是很形象、很有意思的,从那以后,人类就一直行走在"刀"上。

道就是路人。路人踩出了道路,我们一看见道路就知道这里有人。对于开路者来说,道路即路人。所谓"路人"并不只是"过客","过客"是引申出来的意思。而原意是"开路的人"与"正在行走的人"。

道就是走路的方法。路教会了人走路,人使路成为路。地上的路有通衢、有歧路、有大路、有小路、有暂时的路、有永久的路。所有的路都有起伏弯曲,那么人就要用起伏弯曲的方法来走路,但也要尽可能走直线。人不应该被路引向远方,人应该把路引到近处。

道就是"到达"。任何道都有起始与终结,按道(方法)走道(道路)的人将很快到达。世上只有一种真正的道(路人),那就是通向自身。

其实,老子自己并没有故意高深自己的学说,他强调自己提倡的"道""甚易知,甚易行"(七十章),老子虽然谈不上是一丝不苟的严肃学者,但他总不能拿着连秦皇汉武倾全国之力都追求不到的神仙术来说什么"易知易行"的谎话吧。可见,老子的"道"既不是非常玄虚的东西,也不可能是精神意念的东西,它的本原不过是最平凡的道路。"道"之所以难以理解,是因为

智慧 16
世间的根本在于"道"

老子通过道路的性质和作用引申出了带有事物发展规律性的道理,而道理则往往是事物生成、存在、变化的规律。

庄子有一段话,对道的性质做了准确的论证,他说:

"以道观之,物无贵贱;以物观之,自贵而相贱;以俗观之,贵贱不在己;以差观之,因其所大而大之,则万物莫不大;因其小而小之,则万物莫不小……以功观之,因其所有而有之,则万物莫不有,因其所无而无之,则万物莫不无。"(《庄子·秋水篇》)

庄子的看法与老子相一致,他认为万物并没有贵贱大小之分别,所谓贵贱大小这样一些价值观是万物自己贵重自己而轻视他物所造成的结果。

可以用语言表达出来的"道",就不是那永恒的"道";可以用语言说出来的"名",就不是那永恒不变的"名"。"无",是天地的本始;"有",是万物的根源。所以应从"无"中去认识"道"的奥妙,应从"有"中去观察"道"的端倪。"无"和"有"同一来源而名称各异,它们都可说是很幽深的。幽深而又幽深,是一切变化的总门(《老子》第一章)。

这一段话是我们进入老子智慧宝库的一把钥匙,但仍然把"道"弄得玄而又玄,要想获得老子的智慧,看来并不是像吃冰淇淋那么轻松容易。

"常道"是平常人的道,非常人要用非常思维制胜。

"道可道,非常道"。前一个"道"指"道路",中间一个"道"指"行走",最后一个"道"指"方法"。"道可道,非常道"的意思是:道路可以行走,但不是通常的走法。

"常道"指一般的方法,"非常道"指不一般的方法,即异常方法、特殊方法、独自的方法。

人在常态中可以用常法解决问题,在非常状态中则应该动用非常方法。非常方法即非常道,它不是常规思维,而是突破了平常思维的一种异化思维、复杂思维与奇特思维。

常道与非常道关系如下:

常道:一般的方法。

《老子》
64个人生智慧

非常道：不一般的方法，方法之外的方法，没有办法的办法。新方法。

常道：常态思维。

非常道：异化思维、复杂思维与奇特思维。

常道：常有思维。

非常道：非常有思维，但又常有常新。它具有偶然性，通常是灵光一闪，但更具有必然性，是大脑科学运作的结果。

非常道作为异化思维表现在：它是杂交变异后的新品种，比起旧品种来，它产量大，能量大，好看，管用，当然也有新问题。它是旧有物的新版本，是旧方法的升级版，它技术含量高，但操作简便。

非常道作为复杂思维表现在：它有更多想法，认识事情是立体交叉的。它不再把"一"看成是一条短横，而是一条浮现在巨大时空中的道路。

非常道作为奇特思维表现在：它的手段极新极异，用"匪夷所思"与"不可思议"的法门来解决一些难解或本不可解的问题。它看问题是动态的，比如不把"一"看成汉字"一"，而是看成数字"1"躺下了。

异态最终又变为常态，复杂最终又变为简单，奇特最终又变成平凡，这是一个"化腐朽为神奇，化神奇为平常"的过程。即：腐朽——神奇——平常一旦化腐朽为神奇，就可以绝处逢生，改变格局与命运。

一旦化神奇为平常，就可以保持神奇效果，持续有效发展。

非常道变常道为新，又将成为一种新的常道。它负责解决本阶段的问题，一直到它不能解决的问题出现，那时将引发更新的方法。即：常道——非常道——新常道——新非常道循环升级不已。

同样的一个"一"，可以发散出无尽的想象。汉字是象形的，当汉字"一"作为汉字的使命完成后，将回归自然，产生更多意义。这些意义有的是本来的，有的是人赋予的。

因此我们发现：一样东西或一件事情是什么并不重要，重要的是它指向什么。

我们不是在积极探寻结果吗？这就必须在指向上下功夫。如果看出"一"

智慧 16
世间的根本在于"道"

是飞机，那就应该做出有效反应。

当然，必须事先选择。"一"有 N 个意义与指向，进入具体操作必须只认准一个，否则无法启动认知系统。

选择是认知的前提，是变化的前奏。非常道都开始于选择。有时是精选，有时是任选一，有时是补充选择。补充选择即：这个补充的（即 N + 1 中的 1）通常是新的，通常就是被选对象。新插进去的往往被选中，比如选官、选才、选配偶、做生意等莫不如此。这是因为选择者经过无数次选择后已认识到常道无味，必须有所变化了。选择者的预设（选新的、选插进去的）造成了整个选择过程的变化，产生出完全令局内人与局外人都吃惊的结果。

这个新来的一定要加入旧的系统中，这样在旧系统中发现新的"一"，就可以单选出来组构新的系统。

选择的前提是构成选择，也即有几个现成的可供选择。在被选系统中，总的规定自有其道，但在总系统中子系统往往不精确，可以插入新的东西。

总之，非常道的总特征是突破常有思维，它绝对戴有色眼镜看人，用异常的眼光看这个看似正常的世界。它发现：这个世界从来就不是正常的，各种力量一直在牵扯斗争，人已经变形。如果要把人与事拉回到自己所设想的道路上来，就必须动用潜伏在体内的异常力量（即本来力量），用非正常的手段解决看似正常其实不正常的事，以回到正常状态。即：

不正常的事情引发用非正常手段解决最后回到正常。

回归后的正常不是原有正常，而是一种新的正常。这种新的正常如果用旧眼光看是非常不正常的，甚至是危险的，而如果用新眼光看则是正常的，安全有效的。

非常道扬弃常道，变旧为新，是推动我们发展的法宝。它从事物根本上下手，认知事物新本质，探索改变或实现的新方法，积极应对变化并领先变化，其思维制胜的主要原因在于：

一、变某状态为零状态。

二、变零状态为 N 个状态。

《老子》
64个人生智慧

三、从N个状态中选择1个，开始新的状态。即：

我们把旧状态和新状态，也即常道和非常道相比，就可以看出后者更简洁、清晰、动态，具有不断生长之势。老子说："不自生也，故可长生。"由此得出我们对某事某物的解决之道。

从前有一匹马在草原上游逛，不小心迷路了，走进了大沙漠。它以为前面就有草原，于是努力往前走，结果越走越远，越努力越错，深入了沙漠腹心。这只迷途之马很快渴了饿了，它知道自己如果不能想办法喝到水，找到路，将很快死去。那么它该怎么办呢？

常言道：继续往前走，凭感觉找水。这样将按自然规律死去，生存率为零。这匹马很快就会越走越慢，筋疲力尽，最后轰然倒地。关键时候"感觉"是靠不住的，因为在自身能量下降，甚至微弱时，"感觉"不会再敏感有效。这时要动用"异常思维"，而不是靠"感觉"。

非常道：

A. 果断中止前行，不再幻想希望就在前方。仔细辨认来时路，凭自己的足迹走回头路，回到草原去。这样及时回头的生存率为50%。

B. 听从感觉召唤，用最大的努力、最快的速度赶往前方，哪怕是海市蜃楼也会看到希望。这样拼命一赌的生存率为1%。

C. 暂时休息一下，聆听风声。向任何一个经过此地的人要水喝，杀死任何一个可以杀死的动物喝它的血，追随任何一个可以找到水的动物与它同行，比如骆驼。这样自己制造机会的生存率为90%。万一什么也遇不见，至少自己可以休息一下，然后再回头。

如果把这匹迷途的马换成人，可以发现人在沙漠中迷路时通常使用常道，因此很多人被无情地渴死。

稍有智慧的人选用非常道中的B式，其实只是常道的稍为进步，没有根本转变，因此获救的可能仅为1%，很多人在看到海市蜃楼的那一瞬间就已死去。以上两种都不值得提倡。

比较智慧的是A式，回头走，用保守换生存。

智慧 16
世间的根本在于"道"

最智慧的是 C 式，自己制造机会，并坚信机会必有，因为既然像我一样并不弱智的人都会迷路，那么肯定还有其他的人将出现在这里或附近。

C 式成功的关键在于变被动为主动，灵敏捕获有效信息，突击它，实现自救。

老牧人告诉我们：草原上的马如果不慎迷路误入沙漠，它们多半会跟着骆驼回来。这就是智慧，这就是非常道。

马与骆驼不是同类，平时不来往。草原上马厉害，沙漠里骆驼厉害，误入沙漠的马必须改变自己，不把自己当马，要当骆驼，向骆驼示好、求援，紧跟不放，从而获得生存。

所以，老子说的"道"不仅在天地形成之前就存在，而且还是天地万物的创造者。"道"生一，一生二，二生三，三生万物，因为"一"是"道"所生的，所以人们又把"道"称为"太一"。这个"太"就是"太上皇""太老爷"的"太"字，皇帝的父亲称为"太上皇"，老爷的父亲称为"老太爷"。"一"是宇宙没有分裂时混沌的统一体，由这个统一体分裂为两个对立面，再由两个对立面产生出一个新的第三者，然后又产生出世界上的万事万物。

既然天地的万事万物来于"道"，那么"道"就是天地的开端，是万物的根源。老子有时把"道"说成"无"，同时又把"道"称为"有"，说"无"是天地之始，"有"为万物之母，那么，"道"究竟是"无"还是"有"呢？

其实"无"和"有"是一个东西，老子是在与我们捉迷藏，他自己也说这二者名称虽异，来源却同。"有"是一个最概括的名词，世界上各种不同的事物都有一个共同的性质，即"有"，也就是存在。但是，世界上没有一样东西只是空洞洞的"有"而不具备其他性质，比如我们说"有××，有×××"，总不能光说"有""有"，我们可以说"有一株柳树"，但不能只说"有"，因为柳树不只是"有"或"存在"，它还有自身的本性和特点。如果只是孤零零空洞洞的"有"而不具备其他性质特征，那就是"无"，可见，极其空洞抽象的"有"就成了"无"。

我们再回到"道"。我们到底应该怎样称"道"才好呢？说"道"是"无"

《老子》
64个人生智慧

吧，万物又由它生长出来；说"道"是"有"吧，它又没有任何性质和特点，叫人看不见摸不着。因而，老子有时说它是"无"，这是就"道"没有特点、性质和形状而言的；有时说它是"有"，这是就"道"产生万物而言的。说"道"是"无"，行；说"道"是"有"，也行。

"道"是老子讨论的中心课题，人们把他的思想称为"道家思想"，把他创立的学派称为"道家"，老子的一切思想都是由"道"演化而来的，所以在进入老子的思想宝库之前，我们不得不弄清"道"是"无"还是"有"这个有趣而又叫人难以捉摸的怪问题。

老子的道是那样的虚无缥缈，不可捉摸，九重天界也不能形容它的高，九层地下也不能喻及它的深，它比天地还要久远，比宇宙还要辽阔，它创造了万事万物，而万事万物又无不显现出"道"的特性，如一切事物总是向相反的方面转化，生死相依，祸福相因，高下相形，动静相对……"道"落实到现实生活之中，治国、治家、修身、求学、养生莫不有道，它成为人类的生活方式和处世方法。

老子的道——指的是万物所萌生的途径——是抽象而模糊的，所以如此，是因为人类的心灵面对重重叠叠、变化莫测的大自然总是感到不可捉摸，他们始终不能理解万物起源的原因，花木鱼虫为什么产生？怎样产生？这些疑问构成了人类精神活动的重要来源。老子通过道的思想，指出了万物之萌芽、之孕育、之产生，莫不具有各自的途径，万物亦莫不遵守了这些无影无形、无声无臭却真实而具体存在着的途径，才得以诞生。

老子的道——指的是自然存在的道路——是神秘而平实的。它之所以神秘，是因为人类始终忽视了道路与人生之间的密切关系，道路在人类发展史上的重要作用尚有待人类进一步理解和发掘。在人类史上，老子第一个发现了道路的伟大，发现了人类的众多事物和道理都来源于道路，他本人也受到道路的启迪而发明出他的《道德经》。道在老子书中具有贯通全书的主旨，有高低不同的层次，有遍布天下的特点，有无为而无不为的精神，有卑下自谦的性格，有独立而不改的品质，有利万物的作用，有和光同尘的力量，所以，我们要理解老子思想，必须深入到他的道之中。

智慧 17
委曲才能求全

> 【原文】
> "曲则全,枉则直,凹则盈,敝则新,少则得,多则惑。"
>
> 【解析】
> 委曲便会保全,屈枉便会直伸;低洼便会充盈,陈旧便会更新;少取易感获得,贪多便会迷惑。普通人所看到的只是事物的表象,看不到事物实质。老子从自己丰富的生活经验中总结出带有智慧的思想,给人们以深深的启迪。生活在现实社会的人们,不可能做任何事情都一帆风顺,极有可能遇到各种困难,在这种情况下,老子告诉人们,可以先采取退让的办法,等待,静观以待变,然后再采取行动,从而达到自己的目标。

老子在这里引用了一段不知来历的古语:"曲则全,枉则直,凹则盈,敝则新,少则得,多则惑。"其中的道理似乎并不深奥,我们在日常生活中常常在运用着这些道理,不过,我们有时不大愿意承认这些道理,因为国家和社会所造成的意识形态舆论和习俗舆论往往与这些道理相反。这六个词组虽然指六种事物和现象,其实却只反映一个道理,即采取低姿态的生存方式。这种生存姿态的具体行为方式虽然多种多样,但可以归结为一个尽人皆知的道理,即"委曲求全"。

在苍茫的宇宙之中,生命确实是一种令人困惑迷惘的存在。抛开万物之生死幻灭,仅以人类的存在而论,也属于一个难以勘破的永久之谜。人类中的每一个生命自从诞生之始,就在以自己的全部自然禀赋与自然规律进行永久性的、没有止境的、代代连续不断的抗争。但生命既然从自然中孕育而出,他(它)们亦自然无法逃脱自然规律的最后裁决,所以,每一个人都要通过

《老子》
64个人生智慧

明朗的生存空间而步入幽暗的死亡之途。在川流不息的自然运行中，个体生命没有绝对价值可言。

正因为生命是它自己的唯一价值体现，所以生命对于他（它）的持有者来说就更加弥足珍贵。但对于生命的维护方式及展现形式，又是见仁见智、难以获得统一的。老子及春秋晚期的隐者们，都希望通过忍让、妥协、退避、不争、卑下、无为、委曲、柔弱等行为，使生命能够避免意外事故的危害而以一种自然方式结束。老子在此再次强调了生命的脆弱，他说："人之生也柔弱，其死也坚强；万物草木之生也柔脆，其死也槁枯。"在这里，老子好像忽然由一位具有自然主义立场的社会病理学家变成了一位目光敏锐而医道高明的医生，他对人类生命以及万物的生命存在细致透彻的观察，令人叹服。

这就是生与死的场景之变异，自然界万物如此，人类更是如此。老子对自然界事物的观察是敏锐且准确的，他说的"坚强者，死之途；柔弱者，生之途"更是我们注意不到而实际存在的事实。

委曲能够获得保全或安全，证诸自然万物的生长、生存过程，应该是不言而喻的事实。软体的蛇类、蜥蜴类如果不能委屈自己，就只能在季节变换中僵死；弱小的老鼠、蚂蚁类，如果不能使自己委曲在地下洞穴里，就会被其他生物吞噬干净。即使足够庞大或强大的生物，也都存在着自行克制自己行为的问题，如一只狼可以在一只羊面前逞强，如果它决定去挑战一只老虎，就势必面临灭顶之灾；一只老虎对羊及狼都可以逞强，但它如果决定去挑战一头大象，则只能导致惨败；就算是大象，它在生物界没有什么对手，但它如果在火山、洪水、冰雪威胁下而不能委屈自己，仍然会大祸临头。

天地万物中，在如何对待大自然不规则的变动面前，松树和柳树为我们提供了两种截然不同的风范，前者无论在任何时候、任何条件下、任何场合中，都丝毫不加变通地刚直挺拔、岿然直立，以威武不屈的雄姿来傲视万物；而后者则无论在任何时间、场合、条件下，永远是飘拂不定，以婀娜多姿的柔弱姿态送往迎来，二者似乎高下立判。但青松固然可以战胜季节变迁，就是不能以身躯迎战特殊的自然变异，一场暴风雨、一场大冰雪之后，倒下的

智慧 17
委曲才能求全

往往是松树僵直的躯干；反之，弱不禁风的柳树尽管在日常生存的显示中没有松树那般英雄气概，却往往能够在风雨大作之后获得保全。所以，在委曲之道的运用和理解方面，动植物虽然没有理解能力却本能地符合着这样的道理而行动或生长。

人类是比较有趣的生灵，在日常生活中，人类群体经常习惯于采取柳树的方式生存，这样，他们获得了知难而退的心灵启发，终于维系了群体的长期和谐与稳定；但在个人行为中，一种松树般的或个人功利主义或个人英雄主义理想，却往往推动着他们更乐于表现松树的行动姿态，这样，他们获得了鼓勇而进的精神力量，双手开创出一个又一个新局面。

对于个人来说，究竟采取怎样的生活态度及行动方式比较适合生命存在？松树和柳树都是可以效仿的的对象，其中并没有轻重、大小、上下、高低、优劣之分，每个人在国家社会中所置身的环境、地位、身份均不相同，所以，生活态度和行为方式当然不能尽趋一致。就时代的变化而言，在繁荣富庶的和平时期，个人生活没有受到严酷局面的搅扰，没有巨大灾难的袭击，人们就没有必要在日常生活中处处表现出英雄主义的姿态，如果一定要那样做的话，不但容易使人生厌且使自己处于孤立；而某些个人英雄主义和功利主义思想过于浓烈的人，如果硬是要在平和局面中开创出个人英雄事业，也容易导致身败名裂！

但在一些多灾多难的社会动乱年代，尤其在国家和民族面临重大危机的时代，则该是一些青松般的英雄们登场表现的时候了，在这种时候，人们是不反对英雄主义的，他们的刚直不阿、他们的大义凛然、他们的豪气凌云、他们的慷慨悲歌、他们的宁死不屈，甚至他们的犯险冒难和野心勃勃，都处处显示了一个民族强大生命力的底蕴，无论他们的事业是成功或失败，他们的鲜亮行为和英勇事迹都会被书写在历史书中受到长久传诵，所有的民族赞歌和民族史诗都是唱给这些人的。

如果有人问，一般人的生活选择应该如何着眼？似乎有些不知所措，如果回答得太过实在，就未免令人扫兴；如果闪烁其词，则属于献世或媚俗。

《老子》
64个人生智慧

以一种中庸的口吻说，则老子提出委曲之道确实可供借鉴，不要说一般人，就是那些大英雄、大豪杰们也是需要借鉴的。这只要看一看历史上英雄们的表现就可一目了然。

最著名的例子发生在与老子同一时代的越国，当日的越王勾践为了复仇和复国，不惜为吴王为仆为奴，亲自为生病的吴王尝粪便，这就是英雄们有目的甚至有阴谋地委屈自己——不但从身体上、表现上、神态上、思想上、精神上全面委曲、萎缩自己，甚至在行动上、语言中极力丑化、诋毁自己。

历史对此给予极高评价，至于卧薪尝胆反倒是其次了。这样的事例遍载古籍之中，许多政坛上的耀眼明星往往以一时的委曲而赢得最后和最大的成功。

但是，当老子的委曲求全之道是由心灵的主动追求而变为身体的被动忍受、由个人生活方式而变为获取利益的谋略、由自然道理而变为东山再起的阴谋、由生命萎缩的目的而变为行动展开之积极手段的时候，就只能成为野心家的工具、政治家的策略、军事家的战略，这已经不是正常人或一般人所能问津的了。

所谓"大丈夫能伸能屈"，是从老子委曲之道中演绎出的成语，成为中国所有英雄伟人激励自己的口头禅。

就一般大众的个人表现而言，柳树风格实在是值得提倡的。人类历史上的一切风云变幻、电闪雷鸣般的大革命、大变革、大动荡时代，相对于人类生活来说，总是十分短暂的。在风雷激荡之中和之后，人类总是要正常地生活下去，他们除了像柳树一样委曲求全地保留下自己外，没有更多的理由去追求一些本来不属于他的东西。

这样说，并不是别有用心地故意否定人民大众对国家和社会应该或已经做出的奉献和贡献，而是说历史契机从来都不为大众提供而只是提供给一小部分人，这一小部分人虽然往往代表了一个民族的性格和追求，但并不具有普遍意义。

在所有的特殊年月里，这一小部分人通常以一种英雄主义和功利主义相

智慧 17
委曲才能求全

混杂的闪光耀眼的远大理想去进行自我表现，结局往往是"成者王侯败者寇"。

人类历史证明，这样的结果非常合理，英雄事业从来都以此为动力，英雄们自己也非常了解这一点。所以，这里并不是要故意埋没英雄，而是说他们不愿委曲求全而要掀天揭地，固然有英雄主义的理想在内，却也有个人成败的精确计算。那么，像柳树一样的人民大众既然在平日里屈从于松树一般的英雄，把风光、荣誉和地位都让他们抢光占尽，而自己始终默默委曲着自己，则暴风雨来临之际，为什么还要强出头呢？所以，委曲求全的道理主要是针对普通人而言。

迄今为止的人类历史，在大多数时期里都表彰着一种刚直的个人行为和作风，历史上以刚直而造成巨大声名的出色人物可以排列出一个辉煌灿烂的英雄排名榜。就刚直一词所能包含的表意范围看，它固然与笔挺、笔直、挺拔、强硬、刚烈、刚强等正面意义的词性接近，却也与僵硬、僵化、僵死等反面意义的词没有本质区别，于是可见刚直之中固然显示了出类拔萃的气概却也流露出死亡的气息。就事论事，刚直容易使事情走向极端，刚直容易引发和扩大矛盾，刚直容易开创出宏大局面，刚直容易成就个人的英雄事业，刚直容易造成轰动效应，刚直容易引起其他人的震撼，刚直容易使人进入亢奋状态，所以，刚直的行为赢得了人类的普遍赞美和史册的垂青。

与刚直截然相反，委曲之道是另外一种行事风格，曾经伴随着人类走过了绵长而悠久的岁月，认真说起来，它的资历即使不比刚直早却决不会晚。遥想人类在踏入文明之前的漫长史前岁月里不得不栖身于阴冷、狭小、潮湿的岩洞之中，当他们为了谋食而不得不手持木棒奔窜跳跃在深山丛林里的时候，面对着遍地的毒蛇猛兽、洪水流石、荆棘草莽，如果只是一味地勇往直前而不能随时随地委曲起自己来，则人类已经不复存在。

反之，人类如果只能像其他生物那样，面对冷酷的大自然只是完全委屈自己而不敢进行勇敢抗争，则亦不会有真正意义上的人类。可见，刚直和委曲之道，皆是人类不可或缺的行事手段，二者之相互运用，构成了人类行为的基本准则。至于何者为先？何者为后？端看时代之需要；而二者之中何者

《老子》
64个人生智慧

为主，则视个人性情而定。

　　在人类的认识领域里，老子凿破了宇宙洪荒以来的成见，从事物的正面来窥视其反面，再从反面去透视其正面，正反互证就得出了老子的许多真知灼见。曲、枉、凹、敝、少等物理世界的道理，表现在人类活动中，集中体现了委曲求全的意义。

智慧 18
骄兵必败，哀兵必胜

【原文】
"祸莫大于轻敌，轻敌几丧吾宝。故抗兵相加，哀者胜矣。"

【解析】
意思是：轻敌的祸害是最大的，轻敌几乎丧失了我的优势。两支实力相当的军队相遇，哀伤的一方将获胜。

战争是不得已而为之的，但到了必须战斗的时候又不得不战，就是我们常说的哀兵必胜。也就是说，决定战争胜负不仅在于兵力等有形的因素，更在于天时、地利、人和等无形的条件。谁悲观谁把问题看得严重一些，谁的准备就能充分，对风险的规避就能做得好些；反之，谁乐观谁看问题轻率一些，谁将会准备不足、所冒的风险也将大些。因此可以说，两军未战而胜负已定。似乎也可以这样总结：胜利的一方在适当的时间、适当的地点，打了一场适当的战争。

老子讲述打仗的目的其实不为打仗，虽然它也可以包括打仗。老子更重要的是在说为人处世的道理。其实我们无论是做什么事，都不能狂妄自大、浮躁轻敌。那我们的敌人是谁呢？老子曾经告诉我们，所有与我们对立的都是敌人，所有我们要征服的都是敌人。但是我们真正的、最大的敌人其实是我们自己。

其实不仅是打仗用兵，在日常生活中，我们之所以经常失败，不是因为对手比我们高明，而是因为我们自己的狂妄自大，以及我们焦躁轻敌的心境。我们之所以不敢直面自己的缺点或是承认失败，是因为我们从来也不曾把自己的虚荣心丢掉。正如杜牧在总结秦朝灭亡时说："灭秦者，秦也，非天下

《老子》
64个人生智慧

也。"现在我们套用一句俗语："天作孽，犹可恕；自作孽，不可活。"所以说我们是自己杀死自己的，不要怨天尤人！我们最大的缺点就是自以为是，明明不懂的事情，偏偏要装作很懂的样子，结果到最后闹出不少笑话，重者命送黄泉。有时候我们能够看清敌人的一举一动，了解到对手的活动意图，探知敌人的缺点和失误，但是，我们能够对自己的缺点、毛病知道多少呢？

三国时代，那位汉寿亭侯关羽，过五关，斩六将，单刀赴会，水淹七军，是何等英雄气概。可是他致命的弱点就是刚愎自用，固执偏激。当他受刘备重托留守荆州时，诸葛亮再三叮嘱他要"北据曹操，南和孙权"，可是当孙权派人来见关羽，为儿子求婚，关羽一听大怒，喝道："吾虎女安肯嫁犬子乎？"总看自己是"一朵花"，看人家是"豆腐渣"，说话办事不顾大局，不计后果，导致了吴蜀联盟的破裂。最后兵戎相见，关羽也落得败走麦城、被俘身亡的下场。本来，人家来求婚，同意不同意在你，怎能出口伤人，以自己的个人好恶和偏激情绪对待关系全局的大事呢？假若关羽少一点偏激，不意气用事，那么，吴蜀联盟大概不会遭到破坏，荆州的归属可能也是另外一种局面。

关羽不但看不起对手，也不把同僚放在眼里，名将马超来降，刘备封其为平西将军，远在荆州的关羽大为不满，特地给诸葛亮去信，责问说："马超能比得上谁？"老将黄忠被封为后将军，关羽又当众宣称："大丈夫终不与老兵同列！"目空一切，气量狭小，盛气凌人，其他的人就更不在他眼里，一些受过他蔑视侮辱的将领对他既怕又恨，以致当他陷入绝境时，众叛亲离，无人救援，促使他迅速走向败亡。

轻视敌人的灾祸是很大的，"几丧吾宝。"什么是吾宝？就是不争而善战的优势，胜不骄、败不馁。况且骄傲轻敌，不仅丧失了不战而胜的优势，而且招来杀身之祸。

如今这个年代，商场如战场，优胜劣汰、适者生存的法则适用于我们每一个人，这就要求我们在激烈的竞争中永远保持清醒，能洞察竞争对手的一举一动，制定出相应的对策，在竞争中取胜，不断地发展和壮大自己。切忌以为自己取得了一定的成绩而骄傲自满，这样只会招来大的失败，是自取灭亡。

智慧 18
骄兵必败，哀兵必胜

战国初期，齐人孙宾和魏人庞涓在鬼谷子门下一起学习兵法。庞涓自认为学得差不多了，便下山求取功名去了。孙宾继续留在老师身边，鬼谷子见他为人质朴，勤勉好学，就把私藏的《孙子兵法》传授给他。

庞涓在魏国受到了重用。魏惠王听说庞涓的同学孙宾很有才学，就让庞涓写信，邀请孙宾到魏国。孙宾在魏惠王面前讲起兵法来滔滔不绝，令庞涓十分嫉妒。庞涓在魏惠王面前讲孙宾的坏话，魏惠王信以为真，命人把孙宾的膝盖骨挖去。受过膑刑的孙宾从此改名孙膑。

庞涓表面上对孙宾大献殷勤，令孙宾十分感动。孙宾不知道庞涓是害他的罪魁，还答应把《孙子兵法》写在木简上。孙宾的遭遇引起了庞涓派来侍奉孙宾的一个童仆的同情，童仆把真相全都说出来，孙宾才恍然大悟。孙宾为了脱身开始装疯，他一会儿大哭，一会儿大笑，说话颠三倒四，语无伦次。庞涓怀疑他装疯卖傻，叫人把他扔进粪坑。孙宾亦抓起粪便就吃。庞涓这才相信孙宾是真的疯了。

后来，齐威王派人到魏国救出孙宾。孙宾受到齐威王的重用。孙宾带兵伐魏，用减灶之计歼灭魏军，庞涓兵败自杀。

举商场上的一个例子。张先生已经穷得身无分文，可是牙又痛得不行。最后张先生还是忍不住去看牙医。牙医看过后说病牙需要拔掉。

"拔一颗牙要一块钱。"牙医说道。看着张先生的一副穷酸相，想着他也没这钱拔牙。

一听牙医那语气，就知道他挺不情愿的。张先生心生一计，决定整一整牙医，顺便给自己赚点钱。"那么，镶一颗牙得多少钱？"张先生问道。

"一颗牙两块钱。"牙医答道。

"好吧，你可以拔牙了。"张先生说道，"不过可不可以请你先把病牙左边的那颗牙拔了，这样你会比较好拔，我也就不会很痛了。"

牙医心想："穷人就是笨，可以免费得到一颗好牙何乐而不为呢！"就顺着张先生说道："你说的也对。我今天就免费为你多拔一颗吧。"

等牙医把他的病牙拔出后，张先生一转身扇了牙医一巴掌，说道："蠢货，

《老子》
64个人生智慧

你怎么把我的一颗好牙拔掉了？"

牙医正暗自高兴呢，一听到这话，连忙说道："不是你自己提议我先把边上那颗好牙拔掉的吗？现在怎么又怪罪我了？"

张先生说道："哼，你肯定是想从我这里拿一颗好牙，有谁会这么笨要拔掉好牙。我要去告你。"

牙医慌了，知道如果告到官府里去自己必定失败。于是向张先生连忙道歉，并表示不收张先生拔牙的钱了。

张先生却说道："这我不是亏了，一颗好牙值两块钱，而我只欠你一块钱。所以你应该找给我一块钱。"

牙医没辙，只得依了张先生，给了张先生一块钱。

张先生拿了牙医付的一块钱，高兴地站起来走了。

留下牙医一脸的懊恼……

切不可轻视对手，要不然一不小心就会掉进陷阱。尤其是当有不合常理的好事降临时，一定要牢记其后很有可能是一个很大的阴谋。

智慧 19
生活中唯一不变的就是变

> 【原文】
> "有无相生，难易相成，长短相形，高下相倾，音声相和，前后相随。"
>
> 【解析】
> 所以有和无互相转化，难和易互相形成，长和短互相显现，高和下互相充实，音与声互相谐和，前和后互相接随——这是永恒的。

在老子看来世间的一切都是对立而互补的，阴阳相生相克，变化相辅相成，事件相激相随。

阴阳之道有三：

一是阴道。如黑暗、弯曲、阻碍、阴柔、巧妙等事物阴性的一面。

二是阳道。如光明、直接、通坦、阳刚、笨拙等事物阳性的一面。

三是阴阳道。阴阳道是阴道与阳道的中间物、混合物、包含物、排斥物。阴阳道有亦阴亦阳，非阴非阳，半阴半阳，假阴假阳，阴中有阳等情况。

世界上的事很少是非此即彼，通常以第三态运行，即非常态；阴阳实际上也是三种状态：阴态、阳态、中间态。由此，各种关系变化相随，一起带动事物发展。

所以老子说"有无相生，难易相成，长短相形，高下相倾，音声相和，前后相随"，都是讲一组性质相反事物变化相随，"有无相生"体现了事物对立统一的辩证关系，实际也体现了艺术创作的辩证关系。后世的作家、艺术家，他们逐步从老庄哲学中引申出了这样一种思想：通过"有声""有色"的艺术，而进入"无声""无色"的艺术深层境界，才是至美的境界。人们都知道"美"之所以为美是因为与"恶"作了比较的缘故。人们都知道"善"

《老子》
64个人生智慧

之所以为善是因为与"不善"作了比较的缘故。"有"与"无"这两者因来源而得到比较;"难"与"易"这两者因成因而得到比较;"长"与"短"这两者因长度而得到比较;"高"与"下"这两者因高度而得到比较;"音"与"声"这两者因鸣响而得到比较;"前"与"后"这两者因位置而得到比较。

所以,从与他人相比较的观点来看,圣人做事是以"无为"(以"心法"达到"无"的境界)作为自己的方法和准则,教人则是教"不言"(以逻辑思维进行思索)的方法:万物默默地(在心中)开始运作,可生可长,然而处于"不有"的状态;可有作为,然而却不依仗工具;大功告成,然而却不会居留下来。正因为不会居留下来,所以才处于"不去"的状态(也就是说,这方法永远属于你了)。

一般人认为事物发展是阴阳两极对冲而形成的,其实关键是由第三极带动的。第三极带动了整个世界从小到大,其生长的痕迹清晰可见。

事物的发展取决于两要素:一是阴阳两极的对冲势态。二是第三极的生长势态。

第三极的生长势态决定新事物的产生,当然阴阳两极对冲也可能冲得第三极变化生长,阴阳中间的那条中间线的伸长即可视为是阴阳两边挤压的结果。

简明地讲,事物发展的根本在内部,即阴阳两极的运动;形成新事物的关键在外部,即中间态的运动。这内外运动相加,匀速而变力,即可实现诸多构想。

有一个关于变化的故事,故事发生在一个迷宫中,有四个可爱的小生灵在迷宫中寻找它们的奶酪。故事中老鼠嗅嗅、匆匆在看到情况变化后,及时做出反应,继续到迷宫深处去寻找新的奶酪;而小矮人哼哼、唧唧在面对变化时,不愿相信眼前发生的事实,不想方设法到别处去寻找奶酪,后来唧唧不甘心在原地待下去,开始到迷宫深处寻找奶酪,终于找到了新的奶酪。

这个故事告诉我们要正确面对变化,预见变化,接受变化,适应变化,

智慧 19
生活中唯一不变的就是变

享受变化!

在我们的生活中,有人就像故事中的哼哼,因为害怕变化而拒绝变化;有人像唧唧,当看到变化时会使事情变得更好,能够及时地调整自己去适应变化。

在我们这样一个经济、科技、文化日益飞速变化的时代,我们应该如何去做,如何应对工作、生活等一系列种种变化,是一个值得我们深思的问题,我们必须时时刻刻提醒自己,这是一个充满意义的时代,你不思进取、安于现状就有可能被社会淘汰,机遇与成功对于每个人都是平等的,关键在于你是否能很好地去把握。

我们必须面对现实,要时刻准备着随时应对变化。也许你今天飞黄腾达,如果不勤于学习、不甘于进步,明天就有可能一败涂地。这不是危言耸听、而是铁一般的事实,我们必须善于学习,学习各个方面的知识,不能局限于某一方面,要博览群书,在知识的海洋汲取不同的内容知识,以便应对今后的变化,到紧要关头不会惊慌失措。

事情发生变化时,你不必烦恼、不必怨天尤人,不要害怕,要正确地分析并积极地去面对它,这变化也许是好事,也许是机遇、挑战,也许会促进你今后更大的成功。你从事十分熟悉并热爱的工作,但当有天你的上司要求你去做一项与你先前所做的工作无关,甚至相差甚远的工作时,你愿意放下现在的工作去做新的工作吗?事实证明,放下在做的工作,从事新的工作,同样能做得好——关键在于你是否下力气去做,是否对自己有信心。

对于自己的工作,你必须善于总结,从过去的经验学习中不断总结自己所做的工作,更要想到今后的工作如何去做,要在自己的头脑中有一个思路,以便把工作做得更好。

世界在发展,各种事物每时每刻都在变化。我们必须跟上时代的发展,要能预见到将来要发生的变化,以便及时调整自己采取行动,应对变化。

在工作中、生活中,我们要学会接受变化,发生变化时不必惊慌失措,

《老子》
64个人生智慧

要勇敢地去面对它。

　　发生变化后，你还必须去适应它，只要能适应变化，你就是胜利者，我们不能总恪守陈状，要学会根据环境或其他变化及时调整自己的方法思路，不要对工作、生活停留在过去，要善于改变，只有改变，你才能做得更好。

智慧20
以柔克刚才是取胜之道

【原文】

"柔弱胜刚强。"

【解析】

这句话的意思非常简单,即弱是可以战胜刚强的。老子将人与物做了深入而普遍的观察研究之后,他认识到,柔弱的东西里面蕴含着内敛,往往富于韧性,生命力旺盛,发展的余地极大。相反,看起来似乎强大刚强的东西,由于它的显扬外露,往往失去发展的前景,因而不能持久。在柔弱与刚强的对立之中,老子断言柔弱的呈现胜于刚强的外表。

"柔弱胜刚强"是老子长期思考得出的结论。

老子反复提出道是至为软弱、无为、超然、知雄守雌、寂寞虚空的存在,从来也不追求自身的强大,所以任由万物把它们的意志横加于自己而能泰然自若;但反过来,道路亦能够对万物施加"排纷解难、和光同尘"的巨大影响力。

至少在人类的感觉中,鱼的感觉与人类肯定有所不同。水是至为柔顺、软弱的东西,安安静静地绕开了繁华,沿着低洼的河谷顺流而下,在所有的险峻处、陡峭处、壮观处、高贵处、热闹处,都见不到它搔首弄姿的身影,它造福于万物却从来不追求主宰万物的权力,它使自己处于卑下地位而毫无怨恨。

但是,水虽然柔弱到了近乎虚无,却绝不是柔弱可欺,"天下之至柔,驰骋天下之至坚,无有入无间。"天下还有什么东西能够像水一样纵横驰骋、所向披靡?还有什么东西能够像水一样柔弱到不占有丝毫空间却可以出入到

《老子》
64个人生智慧

任何没有空隙的所在？

所以，由道路的至弱到水的至柔，老子从中发现了所有无为者和柔弱者外在的柔弱而内在的充实和强大，这为老子的无为理论提供了坚实的基础。

世间万物，孰为最强者？"上善若水，水善利万物又不争"；"天下柔弱莫过于水，而攻坚强者莫之能胜"。水滋润万物，性柔弱，在方为方，在圆为圆，去高就下，顺其自然，可谓柔之至、弱之极，然而水斩关夺道，决堤冲坝，穿石毁物，无坚不摧，无所不至。做人应效法水之精神，以柔和宽容之心待人，以水滴石穿之力对待一切困难。

老子之意在于揭示刚则易折，以柔克刚之至理，"天下之至柔，驰骋天下之至坚；无有入无间"。天下最柔弱的东西，腾越穿行于最坚硬的东西中；无形的力量可以穿透没有间隙的东西。做人还要学会以情动人，学会为他人着想，关心他人并不求回报，这样反而能受到人们的喜爱。"既以为人己愈有，既以与人己愈多"。即为他人做的贡献愈大，自己就愈满足，精神上给予得愈多，自己就愈富有。

据此，可反衬出两种人不符"水性"：一种锋芒毕露，左砍右杀，自以为威风；另一种斤斤计较、患得患失，机关算尽。这两种人早晚会失信于群体。

从童年开始，李耳就对水产生了特殊的感情。他的家乡就在安徽的涡河边。涡河是一条美丽的河流。水，是人类赖以生存的根本。没有水，就没有万物；没有水，就没有人类。水表面上柔弱无力，却又有势不可挡的力量。看着这似乎矛盾的水，童年李耳开始了深深的思考。这一思考过程是漫长的，其实老子的一生，都是在思考这个问题：水如此，为人处世何尝不是如此？

一个人必须像水一样，没有形状，没有头脑，没有意识形态。你就好像是一块石头。如果我问你：你是谁？你耸耸肩说：我不知道，我不知道我是谁。很美——那个耸肩的动作是很美的，你没有任何意识形态，你就好像水一样。

那些带着意识形态的人是死的，他们具有某种信念——一个形式。他们是抗拒的。一个没有信念，没有意识形态，没有形式，不属于任何教会的人是流动的，就好像水一样。不论他走到哪里，不论什么样的情形出现，他都

智慧 20
以柔克刚才是取胜之道

自然反应，他一直都是当下反应。一个有意识形态的人从来不处于当下，他必须仰赖他的意识形态，看看要如何来反应？他的反应是固定式的，而不是自然反应，他已经有一个头脑。

如果你问任何问题，他的答案是已经准备好的，它已经在那里了，他不需要再去思考它。事实上，他根本就没有在回答你，在你跟他谈论之前，那个答案就已经在那里了，他只是在给予一个已经准备好的答案，一个陈腐老套，那是他所学来的，它并不是一个有意识的现象，他并不是处于当下这个片刻，他就像一只鹦鹉一样在重复，他或许是在重复《资本论》或《古兰经》，反正都是抄来的。

一个真正活生生的人会自然反应，他没有既成的答案，当那个问题产生，他就自然反应于那个问题，那个答案是创新的。事实上，他对那个答案也感到很惊讶，跟你一样惊讶，他从来都不曾知道过它！因为以前并没有像这一次的情形，他就好像水一样，水是柔软的。

水总是往低处流，找寻低地或山谷。这一点对老子来讲也是非常非常重要。他说：永远不要试图去往上走，因为这样的话就会有抗争，如果大家都往上走。永远不要试图去，因为每一个人都要去那里，所以将会有竞争、嫉妒、抗争和奋斗。走到山谷去，没有人会去那里。不要像火一样，要像水一样。

火往上走，水往下流，它一直都是走向大海，走向世界上最低的地方，它在找寻低的地方，如果它能够找到更低的地方，它就会立刻开始动，它总是流向最低的地方，为什么？因为你走得越低，那你的竞争就越少，那你的暴力就越少，侵略性就越少，你不跟任何人抗争。如果你跟任何人抗争，有一件事是可以确定的：你没有办法过你自己的生活，整个能量都变成抗争。

政客们从来不过他们自己的生活，他们没有任何时间，没有任何空间，也没有任何能量可以过他们自己的生活，他们总是在跟别人抗争，他们会在抗争中结束他们的一生。

一个想要真正去生活的人永远不要当政客，水是非政治化的。

要像水一样，找寻最低的地方，走向最低的地方，在那里没有人跟你竞

《老子》
64 个人生智慧

争,因为没有人想要去那里,那么你就可以放松,你就可以成为你自己,那就是荣耀。如果你能够成为你自己,你将会变成一个神。因为你就是一个神,只是它必须被发现。你已经在你里面有了它,你只是需要时间、空间、放松和闲暇,好让你能够放松在一个海滩,光着身子躺在阳光下,躺在沙滩上,一点都不烦恼世界,因为你不是一个抗争者,你不从事任何竞争,这就是弃俗。

并不是你去到喜马拉雅山,因为那些去到喜马拉雅山的人,他们是在找寻山峰,甚至连在喜马拉雅山也有很多竞争。师父与师父之间有很多竞争,因为如果某一个师父有比你更多的跟随者,那么就有麻烦,如果某一个师父建了一个比你更大的宗教社区,那么就有麻烦,甚至连在喜马拉雅山上也有政治。

古老的门徒真的是灵修方面的政客,他们一直要往高处爬,他们的天堂就在那里,在天空的高处!而老子说:我的天堂在低处,在世界上最低的地方,在那里我可以成为我自己,没有人打扰我,我也不打扰任何人。

这就是弃俗。只要你知道不去成为一个竞争者,那么你可以生活在世界里也不会有问题,因为竞争是为了自我。如果是为了你真实的存在,竞争是不需要的,你已经就是那个了,你已经就是最高的了,所以为什么要去担心高度?

老子说:只有那些低劣的人,只有那些带有自卑感的人,会试图去爬到高处。

老子由水而人、而草木,他说:"人之生也柔弱,其死也坚强。草木之生也柔脆,其死也枯槁。故坚强者死之徒,柔弱者生之徒。是以兵强则灭,木强则折。强大处下,柔弱处上。"

意思是人活着的时候身体是柔软的,死了以后身体就变得僵硬。草木生长时是柔软脆弱的,死了以后就变得干硬枯槁了。所以坚强的东西属于死亡的一类,柔弱的东西属于生长的一类。因此,用兵逞强就会遭到灭亡,树木强大了就会遭到砍伐摧折。凡是强大的,总是处于下位;凡是柔弱的,反而居于上位。

智慧 20
以柔克刚才是取胜之道

因此，老子认为，人生在世，不可逞强斗胜，而应柔顺谦虚，有良好的处世修养。这里又一次表达了老子的辩证法思想。这种思想来源于对自然和社会现象的观察和总结。这里，无论柔弱还是坚强，也无论"生之徒"还是"死之徒"，都是事物变化发展的内在因素在发挥作用。这个结论还蕴含着坚强的东西已经失去了生机，柔弱的东西则充满着生机。老子在这里所表达的思想是极富智慧的，他以自然和社会现象形象地向人们提出奉告，希望人们不要处处显露突出，不要时时争强好胜。事实上，在现实生活当中，有不少这样的人，这种例子不胜枚举。

"柔弱胜刚强"的道理，老子的老师常枞也曾跟他讲过。有一次，常枞问老子自己的舌头在不在，老子答在；他又问牙齿，老子答没有了。常枞问李耳这样答的理由，李耳回答说："老师您年纪大了，舌头还在，是因为它柔软；而牙齿掉了，是因为它刚强。"常枞在肯定李耳回答的同时进一步启发他，这个道理不仅对舌头、牙齿如此，对天下万事万物都同样适用。

事物的发展有其规律性，从发展的眼光来看待事物的强弱，这是很自然的。

金庸的《倚天屠龙记》写道：武当派开山祖师张三丰，真人本名张君宝，少年时天赐机缘，得少林觉远大师传授九阳真经，其后多读道藏，于道家练气之术更深有心得。某一日在山间闲游，仰望浮云，俯视流水，张君宝若有所悟，在洞中苦思七日七夜，猛地里豁然贯通，领会了老子的以柔克刚的至理，忍不住仰天长笑。

这一番大笑，竟笑出了一位承先启后、继往开来的大宗师。

"以柔弱胜刚强"，是《老子》的决胜之道，既是为人处世之道，又是治国之道，是老子辩证法思想的集中体现。

《老子》
64个人生智慧

智慧 21
人生一定要有梦想

【原文】

"吾言甚易知、甚易行。天下莫能知、莫能行。言有宗、事有君。夫唯无知,是以我不知。知我者希,则我者贵。是以圣被褐怀玉。"

【解析】

我的话很容易理解,很容易施行。但是天下竟没有谁能理解,没有谁能实行。言论有主旨,行事有根据。正由于人们不理解这个道理,因此才不理解我。能理解我的人很少,那么能取法于我的人就更难得了。因此有道的圣人总是穿着粗布衣服,怀里揣着美玉。这段话也流露出了老子对当时不为人们所认可的感慨。其实,世间事总是充满挫折和坎坷的,关键是我们是否怀揣梦想,能够坚持下去。

凡高那一代艺术家,生前往往是在饥贫交困和不被理解中度过,却从不怨天尤人。从凡高那许多的关于贫穷矿工的素描和普通人物的绘画,我们看到一种对苦难的关注。他自愿到比利时南部贫穷矿区,当牧师期间对矿工血水交融的护爱,对老妓女西恩的热情,都可以看到这种人性里博爱的慈悲在。这是源自生命本身的爱,我们从他的画《打开的圣经,蜡烛和小说》可以看到这神性。米勒的祖母告诫米勒的话"记住,让·弗朗索瓦,你首先是个基督徒,然后才是艺术家"同样也完美地体现在凡高的人生里。

用生命来捍卫执着,绘画在凡高眼里已经是生命本身,是终极在画布的表现,是发现世界的眼睛。透过那些咄咄逼人的色彩:刺眼的黄、令人难以忍受的铬黄、触目的绿、强烈的紫罗兰、浓郁的钴蓝……打开了我们的眼界,直指人心,其作品拥有现实的真实性和生存的象征性。

智慧 21
人生一定要有梦想

上帝永远是让天才受苦难的,这已经成为一种象征。生前不被世界理解与原谅、靠弟弟救济过日子的凡高,其生命是灰色的,我们从他许多暗色调的作品里可以读到这种悲哀。可就是在这跌宕的人生里,绘画的主线却一直贯穿着,想起顾城的诗:"黑夜给了我黑色的眼睛,我却用它寻找光明。"很久以来就是这种坚定激励着我前行的人生。

执着厚重的生命是值得怀念的,我们可以看到人性的光辉,看到生的璀璨。

孔子不是说:"人不知而不愠,不亦君子乎。"

别人不理解的时候很多,被别人理解的时候很少。要不也不会有"人生有一知己足矣"的说法了。

大众的说法是"理解万岁",因为理解难得啊!

也有"好事不出门,坏事传千里"一说,还有"要想人不知,除非己莫为"一说,很多时候,人们做了不好的事,想不被人知道都难。坏事,就是要伤害别人的利益,别人当然不会答应。而好事好心,别人念个好就不错了。做坏事不留名,往往被抓到;做好事不留名,往往被忘掉。这就是人啊!

正因为如此,做传媒才有了饭吃,那些想广而告之的人们,就成了传媒的拥有者和客户。

人是很复杂的,归根到底是很难被别人完全理解的。

诗云:"知我者,谓我心忧;不知我者,谓我何求?"

人,不能少了朋友。不能少了那种没有任何企图的和你一块儿烂醉的朋友,也不能少了在事业上能够相互辅助相互利用的朋友,还不能少了也许对你一点价值都没有还要经常烦你的朋友。

人,要努力去了解别人,尽量让别人了解,如果实在不被理解就算了吧。

正所谓清者自清,浊者自浊,身正不怕影子歪!

人生"不设防",不怕不被理解,是由于胸怀坦荡,不做见不得人的事,没有见不得人的心计,什么都可以拉出来晒晒太阳。不设防还因为不怕暴露自己的弱点。弱点总是要暴露的,正像优点也会表现出来一样。而对待自己的弱点的坦然态度,正是充满自信并从而比较容易令他人相信的表现。只要

《老子》
64个人生智慧

你确有胜于人处，长于人处，某些弱点的暴露反而更加说明你的弱点不过如此而已，而你的长处，你的可爱可敬之处，正如山阴的风景，美不胜收。那还设什么防呢？

人是有人格的，活着是人，死后也是人；因为人永远活在世人的心中。有的人死了但他还活着，这就是人；有的人活着但他已死了，这就是鬼。李易安说：生当作人杰，死亦为鬼雄。其实，生是人，死亦人，何必为鬼雄？

因为心中有爱之人永远活着，心中无爱之人活着与死了没什么区别。

智慧 22
谦退无私才能成大事

【原文】

"天长地久。天地所以能长且久者,以其不自生,故能长生。是以圣人后其身而身先,外其身而身存。非以其无私邪!故能成其私。"

【解析】

天长地久,天地所以能长久存在,是因为它们不为了自己的生存而自然地运行着,所以能够长久生存。因此,有道的圣人遇事谦退无争,反而能在众人之中领先;将自己置之度外,反而能保全自身生存。这不正是因为他无私吗?所以能成就他的自身。

由天道推论人道,反映了老子以退为进的思想主张。老子认为:天地由于"无私"而长存永在,人间"圣人"由于退身忘私而成就其理想。如大禹为人民治水,八年在外三过其门而不入,人民拥戴他为天子。

老子用朴素辩证法的观点,说明利他("退其身""外其身")和利己("身先""身存")是统一的,利他往往能转化为利己,老子想以此说服人们都来利他,这种谦退无私精神,有它积极的意义。

天地是客观存在的自然,是"道"所产生并依"道"的规律运行而生存,从而真正地体现道。老子赞美天地,同时以天道推及人道,希望人道效法天道。在老子的观念中,所谓人道,即以天道为依归,也就是天道在具体问题上的具体运用。

老子以"圣人"来说明人道的问题。圣人是处于最高地位的理想的治者,对他而言,人道既要用于为政治世,又要用于修身养性,而且要切实效法天地的无私无为。对天地来说,"以其不自生也,故能长生"。对圣人来说,"不

《老子》
64个人生智慧

以其无私邪？故能成其私"。这其中包含有辩证法的因素，不自生故能长生；不自私故能成其私，说明对立着的双方在互相转化。通俗地讲，老子所赞美的圣人能谦居人后，能置之度外，他不是对什么事都插手，而是从旁边把事情看清了再帮一把，反而能够站得住脚。

这种思想，有人认为是为人处世的智慧，以无争争，以无私私，以无为为；也有人指责老子学说中多讲诈术，尤其是"非以其无私邪？故能成其私"一句，常被人们引用为论据，认为圣人想保住自己的权位，却用了狡诈的方式，耍了一种滑头主义的手腕，等等。仁智互见，在《道德经》书的许多观点来讲都是如此。对各种解释可以姑且存之，经比较研究，终究可以找到切合实际的观点。

既然文明时代是一个充满私心和欲望的时代，那么，所有生活于这个时代的人们就无法彻底摆脱私的纠缠。孔子可以在他生活的500多年前找到文、武、周公、比干、伯夷、叔齐、泰伯这样一些符合儒家道德行为标准的圣人，老子却在三代以来王朝的芸芸众生中寻找不出一个没有私心的道家理想人格的代表人物，他只能相当含混地提出一个圣人名词。那么，什么是圣人们的生活境界？

老子说："圣人后其身而身先，外其身而身存。""后"就是主动地退后，在涉及了利益争夺的场合，圣人能够通过谦让而被大众奉为首领（即为大众奉为行为楷模或举为带路人）；"外"就是主动地置身于竞争角逐场之外，圣人通过远离人类欲望所追逐的场合而使自己的生命获得安全。

事实上，"后"与"外"并不是两种高深的精神修养境界，只不过是两种行事的高明策略罢了，老子说的圣人亦不是根本泯除了私心的完人，他们不过是以一种无私的行为方式来达成最大的私愿。老子说："非以其无私邪？故能成其私。"正是老子所一贯提倡的以退为进策略的自然演进。

老子之后，老子学说的继承者们，把老子关于私的论述进一步发扬光大，力图使自己的身体彻底脱离于滚滚红尘之外，以达成身体与天地的混同，这是个人成就的大私。至于主动放弃自己在名利场中的所有追求，退隐于名山

智慧 22
谦退无私才能成大事

秀水、洞穴岩壑之中去呼吸吐纳，则变成了个人修行正果的小私。

关尹子说："彼将处乎不淫之度，而藏乎无端之纪，游乎万物之所终始。壹其性，养其气，合其德，以通乎物之所造。圣人藏于天，故莫之能伤也。是以天下平均。故无攻战之乱，无杀戮之刑者，由此道也。"（《关尹子·达生篇》）

庄子以一种豁达而自然的态度对待生死，他说："明乎坦途，故生而不说，死而不祸，知终始之不可故也。计人之所知不若其所不知，其生之时不若未生之时，以其至小求穷其至大之域，是故迷乱而不能自得也。"（《庄子·秋水篇》）

老子在此并没有发明任何新理论，他只是指出了自然物理世界的自生现象与生物界他生现象的存在事实，长期以来，这个事实虽然如此鲜明地存在着却往往被企图侥幸的人类故意回避了。但老子虽然强调他生的崇高却并不因此而否定自生的合理，事实上，无论老子的思想境界如何高远超前，都从来没有离开现实生活。所以，老子在此并没有对他生进行详细的论证，而是着重于阐述自生生命的正确展开，他主张自生生命应该效法他生的方式，以期获得比较长久的存在。

从自然界的物理到生物界的情理、生理和道理，老子首次提出了人类在生命行为学方面的高明见解，揭示出了以退让和无私的消极生存方式来达成生命长久存在的成功之深刻道理。这个理论后来被继承者们演化为"退一步海阔天空"的人生哲学，对中国人的心理和行为产生了深远持久的影响。

佛经讲"一念之觉醒"，使人认识自我。这个觉醒的自我就是私心。人一旦有私心，就会为自己找定位，争权利。

古希腊智者米松走在路上，常会对着大石头下拜。人们感到怪异，问他为什么。米松说："难道你们没发现它比国王要活得长久吗？"石头无知无欲无求无私心，所以无烦恼。

人们天天从石头边走过，石头也不收费，确实无私；太阳每天照耀我们，也从不收费，确实无私；大地每天被我们踩，也从不叫苦，确实无私；天地都是无私的，所以长久。

老子说"以无私成其私"，就是要我们把自身交出去，给家庭，给朋友，

《老子》
64个人生智慧

给团队，给国家民族，给全人类，变小我为大我，这样才会成就真正的自我。

老子说"以无私成共私"，就是我们把自己交出去，给别人，给世界，这样才能从小我变大我，成就自己的私心——使自己成为自己想要的重要人物。

因为，只有无私的人，在成就了别人的同时，才会成就自己。人活着，是一个相互扶持、相互成就的过程。

《庄子·大宗师》里讲过一个此类意思的童话，鲫处涸辙，奄奄一息，却不甘就死，依偎在一起，用唾沫相互润泽，维系生命，可能是两个，也可能是几个，不会是一个。很有点同生共死的悲壮气概，透露出一种超越个体生命价值的友爱精神，流传于今，为人类所崇尚。这是生命和谐与友爱的图画，是美和爱的颂歌。

这种美和崇高不是孤立的个体所能创造出来的，是生命相互依赖和碰撞的火花。无论什么生物一旦失群了，便不知所措，大都伸长了脖子茫然四顾，发出凄凉的叫唤，寻找自己的伙伴和群落，那是最动人心魄的。

植物也是如此，杨柳林、白桦林、松树林都有自己的群落。老家在长白山和兴安岭被称为"树木之王"的珍贵树种——红松，树干笔直如栋梁，树冠亭亭如伞盖，正直、正气如人中君子，大都是一个或几个或十几个山头连成一片，蔚然成林。

因此，动物和植物亦不如荀子言"人能群，彼不能群"，只是两种"群"。本性不同而已。树木的群，是种群对气候、土壤等条件的选择；动物的群，也同样是追逐原始的生存条件。是本性的追求，一种本能。本能，来源于感觉，于动物则是正常，不是思维后的选择；植物没有感觉，只是适应。总之，没有辨析和选择，无需思想的引导。人则不可以，所谓跟着感觉走，不过是一种游戏而已。

人不同于其他生命物质的，是他的社会性。哲人说，社会是人与人关系的总和。

人类社会发展到今天，进入信息时代，空间距离缩小了，有人说，人类

智慧 22
谦退无私才能成大事

生活在同一个地球村。妙在这个"村",同在一个村里,互相间便近得多了,联系和来往也便频繁方便,让人越发感到"人能群"了。

人与人的关系,是一个复杂的存在。有原始的自然的亲缘关系,还有由政治、经济、宗教、同乡、同学、同志等因素影响而形成的关系。有些在生活中明显地凸显出来,让人感知;有些并没有特别地表现出来,如果说存在,也是一种隐形的存在。总之,人际关系总是客观地存在着。

人们看重关系,国家、政治、经济、地区、单位之间的关系,需要交流和发展;人与人之间的关系,居家过日子、邻里关系,不也需要费些心思,不断地修补吗?

著名科学家爱因斯坦说:"人是为别人而生存的——首先是为那样一些人,他们的喜悦和健康关系着我们自己的全部幸福;然后是为许多我们所不认识的人,他们的命运通过同情的纽带同我们密切结合在一起。我每天都上百次地提醒自己:我的精神生活和物质生活都依靠着别人的劳动,我必须尽量以同样的分量来报偿我所领受的和至今还在领受着的东西。"

爱因斯坦是一位受人敬仰的科学家,他用相对论的学说,阐述了世间事物的运动规律,攀上了科学的高峰;他不仅用平易的语言,重要的是用自己的人品,阐述了人与人之间的关系。他说的"人是为别人而生存的",恐怕有许多人不理解,甚至摇头,不同意这种观点。但是他接下去说清了和自己生存"有关系的"和"不认识的"两种人,实际都是和自己"密切结合在一起的",让人感受到一种我为人人、人人为我的和谐与自然。这时无论是谁,只要有良知怕不会不同意他的观点了。

应特别注意"我每天上百次地提醒自己"这句话,这时他的思想和人品像一把很有重量的锤子敲击人的思想和灵魂,使人受到震颤,倘都能认识到"人是为别人而生存"这个道理,提醒自己为别人多做点事情,使其活得更好一些,使世界充满和平与友爱,这自然是从事任何活动的基础和前提。

不知怎么回事,现实恰恰相反,据说也是为了生存,因而产生了彼此防备、相互斗争之类的丑事,更有人为了罪恶的目的,制造猜忌、纠纷、阴谋、

《老子》
64个人生智慧

杀戮、战争，这些在世界的范围内和历史的长河中从来没有停止过。有些时候，有些地方，人类与生俱有的"人能群"的本性被扭曲了，人际关系的和谐被破坏了。

人都有挫折、痛苦、被伤害的时候，如果让这些痛苦经验时时啃噬着自己的灵和肉，牙眼相加，把自己受过的痛苦加之于无辜者身上，剑拔弩张，使报复延续下去，就会造成更大的伤害。其实，认真思索，人类需要的是"对话"，交流不同的看法和意见，求同存异，完全不需要"对抗"。

总之，不论在什么范围内、什么性质的人际环境中，搞好人际关系的前提要义，离不开思想引导；即人们称为人生观、世界观、价值观的东西，在修养和心态的层面当然要做到宠辱不惊，心理上的理智和清明，外化为行为，成为众人的行动，就会出现健康友爱的人文环境。

当人之间相互关系发生了变化，以及一些事情的发生和发展，不一定是政治或者什么严肃的原则问题，也有一些是错乱的心理程序，失去了宠辱不惊的心态，便引导出错误的行为，使人误入陷阱，引发出人事关系的危机。

没有是非曲直的家庭琐碎，骨肉亲情，也会酿成分裂和仇恨，毕竟是特殊的情况，大多数的家庭，无论是几世而居的大家庭，还是小提琴二重奏般新婚宴尔的小家庭，洋溢的都是浓浓的温馨、关切和爱心，体现着生活和人生的美好，弥久不变。

家庭也好，社会也好，是人的生存环境，人创造了环境；环境也影响人，造就人。一个好的生存空间，和谐、友爱、关怀，多些理解和谦让，多些宽松，会减少不必要的负载和戒备，特别是心灵的负载减轻了，灵性得到解放，创造性、感情、潜在的能力便会发挥出来。对于野蛮、愚昧、偏执和无端的挑衅，环境的陶冶和消融，要比压抑和扭曲的效果好。

因此，凡是智者贤人，解决危机，总是审时度势，见机而行，避免损失，争取最大的效益。

古人说，交绝不出恶声。正如老子所说："上善若水。水善利万物而不争，处众人之所恶，故几于道。"最善的人好像水一样。水善于滋润万物而

智慧 22
谦退无私才能成大事

不与万物相争，停留在众人都不喜欢的地方，所以最接近于"道"。最善的人，居处最善于选择地方，心胸善于保持沉静而深不可测，待人善于真诚、友爱和无私，说话善于恪守信用，为政善于精简处理，能把国家治理好，处事能够善于发挥所长，行动善于把握时机。最善的人所作所为正因为有不争的美德，所以没有过失，也就没有怨咎。

是的，人相处，或因情趣，或因利益冲突，或因其他什么原因，绝交不再往来，这是生活中不可避免的。关系恶化到了极处，不是戒备或少有往来，而是断绝往来。可贵的是即或如此，也"不出恶声"。简单粗暴，意气用事，把愤恨不满倾泼给对方于事何补呢？相反，讲究方法和策略，不失风度，"不出恶声"，这至少是留了一个修补的余地，一旦有了变化，回过头来有路可走。

人总是希望搞好各方面关系的，多个朋友多条路，多个冤家多堵墙，不要只看眼前，意气用事，图一时痛快。

《老子》
64个人生智慧

智慧 23
稳步推进胜于强出头

> 【原文】
> "浊以静之，徐清。安以动之，徐生。"
>
> 【解析】
> 使浑浊安静下来，慢慢澄清。使安静变动起来，慢慢显出生机。

徐就是慢。一个"慢"字道出成功的关键：用力要准，进攻要稳。

在此，老子悟出了两组非常道的模式：

一、浊——静——清；

二、安——动——生。

在第一组中，浊的反面是静，静的结果是把浊变成了清。

在第二组中，安的反面是动，动的结果是把安变成了生。

"浊"就是污浊，污浊的人必狂躁，因此老子用一个"静"来对付它，因为静可以克躁，所以浊可以变清。"安"就是安于现状，安于现状就会死气沉沉，因此老子用一个"动"来对付它，因为动可以起死，所以安可以变生。

老子此处的非常道一动一静，属"动静之道"。孙子的"动静之道"是由静转动，而此处老子的"动静之道"是由动归静，也就是老子所讲的"众物纭纭，各归其根"。

静就是道。

静心心自明，心中明亮就是道。

"浊以静之"，就是劝人污浊时要安静下来，自己终止污浊的心理与行为，绝不可由着一颗狂躁的心自伤或伤人。同时也要认识到污浊是相对的，在一些看来很污浊的东西与事情在另外一些人看来未必如此。因此，人要自去污浊，

智慧 23
稳步推进胜于强出头

不要管别人的污浊。

有人问希腊智者赫拉克利特:"海水是洁净的还是肮脏的?"

赫拉克利特说:"海水最洁净又最肮脏。对鱼来说,它是能喝的和有益的;但对人来说,它既不能喝又有害。"

老子讲的"浊以静之",是对自身的洁净,而不是管别人。管好自己的人能安静下来,企图管别人的人永远狂躁,因为以浊对浊,岂能净之?

"安以动之",是讲安于现状者要自己动起来,不动则必死。

《孟子》说:"生于忧患,死于安乐。"安乐让人死,因为人一安乐就成死肉一堆,而他自己可能还没有察觉。

有人曾问希腊智者阿那克萨哥拉:"一个人的生命是应该来到这个世界,还是不应该来到这个世界?"

阿那克萨哥拉抬头仰望夜空,笑着说:"为了观赏美丽的苍穹,每个人都应当选择降生。"

的确如此,人生的价值在于让自己动起来,这样才能看到"美丽的苍穹"。如果一个人在屋里一动不动,就看不到外面的夜空。有的人老是抱怨看不到希望,其实希望就在他头上闪烁,他自己不动,不抬头,怎能看到希望?

老子指出"安以动之",就是要让人从安乐的环境中动起来,这样才能自己找到希望。安以不动,则无缘欣赏美丽的苍穹,只会在苍穹之梦中遗憾地死去。所谓安乐,都是在做白日梦。人真正的好状态绝不在梦中,而是真实地身临其境。

老子说"徐清""徐生",连用两个"徐",可见凡事要舒缓,才能有好效果。

例如一个人在睡觉,另一个人来告诉他一个好消息。如果这个人突然地跑来,并突然地推醒睡者,将会吓坏他。如果轻轻拍醒,轻轻呼唤,自然可以从容告知。

有的人做事忽败忽胜,这样必会得不偿失。我们必须要像老子说的那样"徐清""徐生",缓缓进攻,才能稳步推进,坚定地摘取胜利果实。

一次,亚里士多德的一位学生与他探讨友谊的性质。亚里士多德告诉他

《老子》
64个人生智慧

的学生："人们希望快速成为朋友，但友谊却是一种缓慢成熟的果实。"

其实，世上一切宝贵之物都是缓慢成熟的，因为它要走完生长全过程，要符合自然之道才能结出自然之果。

老子指出：浊以静之要"徐清"，安以动之要"徐生"。就是做事要舒缓，冒进者易夭折，早熟者必早死，顺应自然之道才能避免忽败忽胜，稳步摘取胜利果实。

老子还说："重为轻根，静为躁君。是以圣人终日行，不离辎重。"虽有荣观，燕处超然。奈何万乘之主，而以身轻天下？轻则失本，躁则失君。"

在此，老子首先提到的是两组互相对应的范畴，即重与轻、静与躁之间的关系。对于自然物来说，重是沉重，轻是轻飘；对人类行为来说，则重是稳重，静是沉静或冷静。一般来说，重比较容易产生静而往往排斥躁，轻往往直接表现为躁而排斥静。老子所揭示的这种道理，我们尚不难理解。

老子通过对重与轻、静与躁的辩证关系的阐述，提出了重是轻的根源，静为躁的主宰的新观念。在这里，重与轻，静与躁不是事物相互矛盾着的平等对立关系，而是事物在性质上的从属关系。老子高度重视的是重与静，他反对人类在行为表现中的所有轻狂和躁动。老子并不反对行动，但他反对一切贸然的、盲目的、不能增进生命价值甚至危害生命的行动。

老子希望人类在日常生活的行为表现中能够采取静的方式，以内心的沉静、安静或镇静来克制性情上的烦躁、焦躁和急躁，就可为自己赢得一种清虚平静而较少危险的生活。他以古代圣人作为例证，"是以圣人终日行，不离辎重"。这句话可以有两种解释，其一是说圣人终日行事，能够保持沉静；其二是说圣人即使终日远行，却一定携带了必需的物品，这样才有备无患。二者均可成说。"虽有荣观，燕处超然。"

庄子引申老子"静"的思想而做了进一步发挥，他认为："圣人之静也，非曰静也，善故静也。万物无足以铙其心者，故静也。水静则明，……水静犹明，而况精神！圣人之心静乎，天地之鉴也，万物之镜也。"（《天道篇》）

与古代圣人们的做法相反，春秋晚期的各诸侯国君们却完全是以轻飘的

智慧 23
稳步推进胜于强出头

心态而做出种种不可理喻的轻举妄动（躁动）。老子对此似乎不大能够理解，他质问说："奈何万乘之主，而以身轻天下？"为什么作为大国的君主，却要以只身的力量来轻薄（或轻易）天下？轻薄是轻浮的举动，以个人力量来挑战天下，说明了君主的胆大妄为。但事实上，恰如老子指出："轻则失本，躁则失君。"轻浮的行为会失去自己臣民的拥戴，而暴躁或躁动的表现则会使自己失去领导国家的权力。

韩非子引申老子静的思想并将辎重说与国家权力联系在一起，提出了国家政权就是国君的辎重，他举出赵武灵王在生前因让出权力而受困致死的史实，说明了圣人（韩非子的圣人就是国王）与辎重不可分离的关系，他说："故曰，君子终日行不离辎重也。邦者，人君之辎重也。主父生传其邦，此离其辎重者也，故虽有代、云中之乐，超然已无赵矣。主父万乘之主，而以身轻于天下，无势之谓轻，离位之谓躁，是以生幽而死。故曰，轻则失臣，躁则失君。"

在韩非子充满政治权力的眼睛里，"静"当然成为一种有深远目的的修养手段，并不是静止不动。他以为："夫物有常容，因乘以导之，因随物之容，故静则建乎德，动则顺乎道。"

静往往能够建德，而动则应该顺乎道理，韩非子的看法基本是符合老子的一贯主张的。

在一个欲望蓬勃的时代，每个人都受到了时代风气的强烈刺激，便禁不住浑身热血沸腾。其中有少数富有谋略或孔武有力者，犹如刚刚从牢笼中获得了自由的野兽，纷纷以相当激烈的手段来释放自己的能量，世道因此而面目全非，每一个人随时都可能成为成功者或受害者。个别人打破常规的大胆行为引起了全天下人之效法，每一个人都身不由己地在利欲之途上狂奔疾走，都悍然不顾自身之安危。

对于那些利欲熏心的狂妄者，以及引导人民像飞蛾一般扑进熊熊烈焰之中的诱惑者们，老子已经反复提出了批评和忠告。现在，老子进一步揭示了个人行为所以能够持久的道理，而所有那些"企者、跨者、自见者、自是者、

《老子》
64 个人生智慧

自伐者、自矜者",都是在进行一些盲目而不能持久的活动。把这样一些行为运用到具体的行动中,就像是背负着重载前行,不但行动不便利,而且会引起他人的反感。

老子提出的道理非常通俗而且浅白,他再次对那些以夸张、修饰、卖弄、剧烈、盲目的行动来追求利益的人提出了忠告。

智慧 24
善于借用他人之力

【原文】
"善用人者,为下。是为不争之德。是谓用人之力,是谓配天古之极。"

【解析】
善于用人的人,对人表示谦下。这叫作不与人争的品德,这叫作运用别人的能力,这叫作符合自然的道理。

人生在世,不是人用,就是用人,借用他人的力量,自己的力量就能得以保存或壮大。

老子说:"善用人者,为之下。"意即善于用人的人,对人表示谦下。也只有谦逊随和的人,才会让人有亲切感,而不是高高在上,拒人于千里之外。

在南方,有山就有水,山水如连体姐妹,"水从山上来,绕着青山转,五里十徘徊,还在山之怀"。俗话说:山有多高,水就会有多深;山有多清,水就会有多秀。山高且清,山谷中的水深且秀,构成了十分理想的漂流条件,深壑与险滩相连而成山涧与激流。如何赏好山品好水,最好的办法就是漂——漂流;在与水的亲近中,在与山的相偎中,得游好山嬉好水的上等感受。

得水,得山,得天,还得回到自己身上来。你在一小舟之中,时而平静如镜,舟儿不动,似乎世界也已经凝固,让舟中之人多多思天虑地;时而浪花崩洒,舟儿滚转,似乎乾坤已不再平衡,给舟中之人多多惊骇奋发。

此景此情,真如人生。人生有平静,却不会是永恒的平静;人生有坎坷,却不会是永远的颠簸。人生似山,多不平;也似水,多变化。平静时,自可顺其自然,得其悠闲自在,然而不可疏忽大意,说不定险滩激流就在拐弯处;而坎坷时,非得奋发不可,争得生存与发展的良好机遇,但也不必时时心惊

《老子》
64个人生智慧

胆战，激流冲险过后，定有一片平静等待。

这漂舟与一般的行船不同，舟之快慢并非全在于水之自然，而在于执桨者如何借水之势，得浪之力。切不可尽去贪图如镜之平静，还要善于借用漂中险滩之激流，获取自然界之动力，虽然有险，却可得争先于同行者。到中流击水，浪遏飞舟，岂不美哉快哉。

智者当借力而行。借得好！人生也不过如此。同理同理。

古往今来，凡是能成就伟大事业者，都是凭借智谋获得成功的。一是凭借个人的卓越智慧与胆略；二是凭借群众的聪明才智与巨大力量；三是凭借政党组织的权威作用。其深妙之处，还是"借"字为本。

只能尽自己之能者为小智者，能够借用他人之力者为大智者。

三国时有不少著名的战役，诸葛亮的"草船借剑"一直作为千年不衰的亮点被广为传唱，其中很重要的原因就在于，中国人向来有欣赏"智取"而非"莽夺"的传统。从经济学的角度来看，"草船借箭"就是一种"搭便车"效应，它运用现实中存在的固有资源，借力打力，而结果往往出人意料。

孙权也是此中高手，孙权识时务，兢兢业业，先求安定一方，同时百般警惕，不断做好外交工作。总体上看，孙权的政策较少攻击性，无论赤壁之战还是彝陵之战，都不是由他挑起战端。袭击关羽，其实也是蜀国食约在先，对荆州借而不还。为了一方太平，孙权时而与蜀国和亲，时而又想着与魏国通婚，于兵法中的"借"字诀玩得尤为娴熟。或借力打力，或借力去力，或借力生力。在那样一个乱世，孙权居然能把人主的位置坐得那么稳妥、长久，实际执政时间长达半个世纪，简直是一个奇迹。难怪曹操生了那么多杰出的儿子，仍然要感叹"生子当如孙仲谋"。

明朝的刘伯温认为，善战者省敌，不善战者益敌，所以，应当善于借用他人之力，来战胜对手："惟天下至仁为能以我之敌敌敌，是故敌不敌，而天下服。"

物竞天择，各显其能。在奇妙万千的动物世界里，每一物种都有自己的生存之道。刺猬的防护之法尤其绝妙——遇敌害时能蜷曲成球，以刺保护身

智慧 24
善于借用他人之力

体,令敌害无机可乘。"刺猬战术"虽然是一种防御形式,但它不同于单纯消极的被动防御,而是防中有攻,寓攻于防,借力打力,敌人的进攻就是自己的进攻,完美地体现了进攻与防御的辩证统一。

武侠小说中的"四两拨千斤"及"借力打力"等说法也是同样的意思。借他人之力为我所用,借他人之脑为我所用,能快速地强大自己,迅速成就事业,不失为一种好的为人处世之法。

《老子》
64个人生智慧

智慧 25
正确看待人生的成败得失

【原文】

"名与身孰亲？身与货孰多？得与亡孰病？甚爱必大费，多藏必厚亡。故知足不辱，知止不殆，可以长久。"

【解析】

声名和生命相比哪一样更为亲切？生命和货利比起来哪一样更为贵重？获取和丢失相比，哪一个更有害？过分的爱名利就必定要付出更多的代价；过于积敛财富，必定会遭致更为惨重的损失。所以说，懂得满足，就不会受到屈辱；懂得适可而止，就不会遇见危险；这样才可以保持住长久的平安。

人生路上很多时候得亦是失，失亦是得，得中有失，失中有得。所以在得与失之间，我们无须不停地徘徊，更不必苦苦地挣扎。我们应该用一种平常心来看待生活中的得与失，要清楚什么是对自己最重要的，然后主动放弃那些可有可无、不触及生命意义的东西。

唐代政治家柳宗元有一则寓言，名叫《赖帐传》，就是说贪婪害己的道理。

赖帐是一种善于背东西的小虫。它在路上爬行时，遇到什么就拾取进来，仰起头背着走，走得越远就背得越重，不管压得多么难受，不管自己承不承受得了，它总不停地朝背上加东西。它的背部能装很多东西，它捡到背上的东西都掉不下来，这样一直压得它倒地爬不起来。人们见到这种情况，出于同情，帮它扔掉背上的东西。但它只要能爬起来走路，又像从前那样往背上加东西，又喜欢往高处爬，使出全身力气，一刻也不停步，直到最后从高处落地而死。

智慧 25
正确看待人生的成败得失

柳宗元所讽刺的这种人现在仍然很多。他们疯狂地"得",无论囤积多少都不知足,就是因财惹祸,被抢劫,被偷盗,被清洗,他们仍然不接受教训。只要一息尚存还是照捞不误,做梦也是梦见黄金白银。他们的模样也许高大魁梧,潇洒风流,但才智与贪婪和赖帐相差无几。

有道是——

山雀在深林筑巢,所栖不过一枝;
老鼠在河中饮水,所饮不过满腹;
人在万丈高楼之中,所卧也不过一间。

钱财是身外之物,没有它自然不能生活,但过多又成为自己的累赘,这就像一个人的十个指头,没有十个生活不方便,超过了十个就成了负担。财多必害己,多藏必厚亡。

石崇为西晋功臣之后,自小聪明机敏,但为人贪婪奢侈。在荆州做官时靠抢劫江中远来客商成为巨富,家中珍宝堆积如山,侍女数百都穿绫着缎。曾与国戚王恺斗富,王恺用糖和干饭擦锅,石崇就用蜡烛作柴火;王恺用紫丝做成路障四十里,石崇用丝锦做成路障五十里;王恺用赤石脂涂屋,石崇用椒料泥墙。恺为晋武帝的舅父,晋武帝在王石二人的斗富中暗暗帮助舅父,曾赐王恺一枝珊瑚树,高二尺,干粗枝密,世所少见。王恺把珊瑚拿到石崇面前炫耀,石崇见后拿起铁棍随手将它击碎,恺以为他在嫉妒自己的珍宝,声色俱厉地吼起来。石崇毫不在乎地说:"这是小意思,赔你的就是了。"接着命令家奴拿出六七枝来,高三尺、四尺不等,光彩夺目,王恺见后无地自容。石崇的厕所里也常候着十几个侍女,都打扮得浓艳照人,上完厕所后还得换一套新衣服出来,连贵族也不好意思上他家厕所。后来因得罪赵王伦被收监,他以为最多不过是流放边远地区,等送到刑场才大梦方醒,说:"他们是想要我的家财。"押送他的人回答说:"你既然知道财多害命,何不早散家财呢?"石崇沉重地低下了头。

《老子》
64个人生智慧

所以，以名与货和人的自身价值对比，也是要人自重、自爱。老子宣传的是这样一种人生观：人要贵生重己，对待名利要适可而止，知足常乐，这样才可以避免遇到危难；反之，为名利奋不顾身，争名逐利，则必然会落得身败名裂之可悲下场。

虚名和人的生命、货利与人的价值哪一个更可贵？争夺货利还是重视人的价值，这二者的得与失，哪一个弊病多呢？这是老子在此向人们提出的尖锐问题，这也是每个人都必然会遇到的问题。有人说，这里讲吝惜生命，与提倡奋不顾身是格格不入的两种生命观。事实上，吝惜生命并不是贪生怕死，老子讲的是对宠辱荣患和虚名货利来说，不要贪图虚荣与名利，要珍惜自身的价值与尊严，不可自贱其身。"知足不辱，知止不殆"，这是老子处世为人的精辟见解和高度概括。"知足"就是说，任何事物都有自己的发展极限，超出此限，则事物必然向它的反面发展。

因而，每个人都应该对自己的言行举止有清醒的准确的认识，凡事不可求全。贪求的名利越多，付出的代价也就越大；积敛的财富越多，失去的也就越多。他希望人们，尤其是手中握有权柄之人，对财富的占有欲要适可而止，要知足，才可以做到"不辱"。"多藏"，就是指对物质生活的过度追求，一个对物质利益片面追求的人，必定会采取各种手段来满足自己的欲望，有人甚至会以身试法。"多藏必厚亡"，丰厚的贮藏必有严重的损失。这个损失并不仅仅指物质方面的损失，还指人的精神、人格、品质方面的损失。

没有永恒的存在，"飘风不终朝，骤雨不终日"。本着尊重大自然的坚定信念，老子严肃地告诫人们，以天地的博大，其反常行为尚且不能持久，人类的反常行为就更加短暂。所以，从事各种活动的行动者都必须首先认同不同的道之中的不同规则。

老子在此提出了三组概念：

一、"从事于道者，同于道；同于道者，道亦乐得之。"是指修道或研究道的人，他们需要使自己的行为与道的规则同一步骤；能够使自己的行为与道达成统一，道便乐于接纳他。这里的道不但与"得失"相提并论，而且

智慧 25
正确看待人生的成败得失

可以从事，可见这个道不是一种虚空恍惚的东西而具有实在的意旨。那么，它是什么呢？这个道仍然是一种比较抽象的道路，如果仅仅是我们日常行走的道路，则古代还没有铺路架桥这方面的学问，亦不会有这方面的专业人员，但如果把道扩大为规则、法则，就构成了人生的重要学问；如果进一步把道扩大为天地万物运行的规律，则道便成为天道，就构成了物理学；如果把道再扩大为观察和认识问题的各种途径，则道便成为工具性很强的科学观；如果把道扩大为路线，则道便成为国家、民族、社会、个人必须遵守的原则。我想，如此来理解道，不但使道找到了基础牢靠的立足点，也可能距离真实不会太远。

二、"德者，同于德。同于德者，德亦乐得之。""德"的原始意是"得"，亦即"得到""获得"之意。德字出现之后，意味着"得"的行为意义被分割，它不再是单纯的获得，"德"字是获得的合理性之标志，"德"也是"得"的意义标准。此处的"德者"，可能就是从事道德、品德、德行方面研究的学者或修行者，从社会价值说，这些获得者自然可以算是事业的成功者，他们既然讲求道德，便需要使自己的行为与道德相统一。事实上，老子认为，任何想要有所收获的人就一定要使自己的行动符合"道"的品德，这样才能与大自然确立一种和谐与持久的关系。

三、"失者，同于失。同于失者，失亦乐得之。""失"，历来说法不一，我解读为失落，就是丢失的意思。从社会价值看，所有的失落者都应该算是事业的失败者。但得失之间的关系历来很复杂，有时看起来好像是获得了而实际上却是失落了，有时看起来好像是失落了而其实却是获得了，"塞翁失马，安知祸福"的寓言，非常真切地说明了这个道理。从老子的一贯思想看，他屡屡抨击患得患失的世俗行为，他亦主张"绝学无忧"，他也批评仁义道德，所以，他应该是赞成失落的。

人世间之得失，无非是利益之多少大小的比例而已，而利益这种东西与金钱一样，从来都是流动不息的，它不会停留在一个地方或一个人的手里不再变通，所以，任何利益之得失都只是暂时的，其中人为的努力可能会对利益之趋向起到一些诱导作用，但许多自然原因又往往使它们突然改变方向。

《老子》
64个人生智慧

智慧 26
不争是人生的最高境界

【原文】

"夫惟不争,故天下莫能与之争。"

【解析】

正因为不与人争,所以遍天下没有人能与他争。老子告诫人们,要开阔视野,要虚怀若谷,坚定地朝着自己的目标前进。但是如果不考虑客观情况,一味地争夺眼前利益,其结果只能适得其反。

喜欢争来争去的人多半不自信,真正有能力的人不争也不让,是他的就是他的。

大街上有两个泼妇骂街,细听原来是在争一个男人。泼妇甲说:哇哇哇。泼妇乙说:哇哇哇。结果谁也说服不了谁,反反复复地就表示一个意思:"他是我的,我才是他的老婆,你是野女人,不要脸。"作为男主角的那个男人痛苦地抱头蹲着,显然他没有能力阻止这两个女人的争斗。这时,街那边走来一个老太婆,恶凶凶地说:"让她们吵,跟我回家去!"男人一下得救了,头也不回地跟着老太婆走了。那两个吵架的女人惊讶得合不拢嘴,你看看我,我看看你,没趣地闭上了嘴,各自走散了。

不用说,这个老太婆就是这个男人的妈。妈是儿的妈,儿是妈的儿,这是天生的,谁也争不去。所以当这个男人被两个女人争来争去争不出结果时,这个男人的真正拥有者一出现,自然就把他叫走了。注意:是叫走的,不是争走的。那两个女人争了半天争不走的男人,被这个男人的妈轻而易举就叫走了。

这个故事正好说明了老子的一句话:"夫惟不争,故天下莫能与之争。"

智慧 26
不争是人生的最高境界

意思就是：只有不去争，所以天下才不能与我争。

是自己的就是自己的，别人争不去也抢不走。不是自己的，争也争不来。

老子的这个意思乍看有点像佛家的宿命论，其实不然，细想有三层以上的意思：

一、我已经争到了我自己的东西，所以一劳永逸，从此可以不再争。

二、世上一切本是公有，弓落于楚地，楚人失之，楚人得之，何必争谁是谁的。

三、我以无私成就了我的私心，这一切都是我的，别人争来争去都是帮我争。

喜欢争来争去的人多半为他人作嫁衣，不争之人往往能利用别人为他争来想得到的东西，并以不争之事实成为没有争议的人。

当古希腊的普里埃耶城遭到敌人攻打时，居民们纷纷带上自己最贵重的财物四处逃，只有大智者毕阿斯一个人什么也没带。有人问他为什么空手离开。毕阿斯回答说："因为我的一切都在我的身上。"

你看，人们在逃难时还想着自己的财物，都要争你的我的。毕阿斯根本不与人争，轻轻松松空手而去，手上没包袱，心里没包袱。确实，他的一切都在他的身上，这是谁也争不去、夺不走的。

毕阿斯之所以形成这样彻底的"不争"的思想，源于他感觉自己已经争满了，就像一个收手不干的亿万富翁，一个洗手金盆、退出江湖的独行大盗。让我们回放一下他当初是怎样"争"的吧。

有一回，阿利亚提斯国王率兵攻打普里埃耶城，毕阿斯将两头骡子全副武装起来赶到了国王的阵营之中。阿利亚提斯看到对方的骡子都武装起来了，非常吃惊。于是思考再三，停止了进攻，与普里埃耶城订下了和约。

毕阿斯就是用这样无所不用其极的手段为自己一方争取到了应有权利，他不但要争，还大争特争，这样才能争取到。争取到了之后，他才有资格不再争，才有资本去享受。

老子说"夫惟不争，故天下莫能与之争"就是这个意思：

《老子》
64个人生智慧

一、人要先争取，争到了才能不争。

二、已经到手还要争，就必会连争到手的都失去。

三、已经争到手就要赶快吃进肚，这样别人就争不去了。

《世说新语》上说王蓝田吃鸡蛋，因为性急，鸡蛋一会儿滚桌上，一会儿掉地上，王蓝田火冒三丈就把鸡蛋踩扁，然后捡起来吃掉了。

这个夸张的故事一般人都认为是在讲一个性急之人的笑话，其实我们换一个角度看，王蓝田的性急固然可笑，但他也有个宝贵的认识：那就是煮熟的鸡蛋还会溜，最好是快点把它吃进肚子里。这个道理既简单又深刻，简直就是一大真理。

老子说"不争"时，其实是肚子里吃得鼓鼓的了。老子说："虚其心、实其腹"。有了前面的"实其腹"，才有后面的"不争"。

我的一切都在我身上，别人怎么能争去呢？所以毕阿斯虽然空手出城，却带褥最多，他的财物满身，还能分给别人，那就是他的智慧。

老子说："夫惟不争，故天下莫能与之争。"意思就是说不要争不要拿，最有价值的东西在我们自己身上。

饱了还要吃，就会撑死，够了还要争的人必会连手上的东西也失去，老子指出："持而盈之，不如其已。"就是说过犹不及，做人做事要把握争与不争的火候。该争不争，必有所失。不该争还争，失去会更多。

老子说"不争"，就是没有必要争的意思。一是不屑一顾，二是不用争也是我的，所以"不争"。富人不会与穷人斗富，智者不会与白痴斗智，人不会与狗争骨头。

智慧 27
清静无为，远离死地

【原文】

"人之生，动之于死地，亦十有三。"

【解析】

这句话意思是人本来可以活得长久些，却自己走向死亡之路，也占十分之三。老子生逢乱世，他看到人生危机四伏，生命安全随时随地受到威胁，因此他主张不要靠战争、抢夺来保护自己，不要以奢侈的生活方法来营养自己，而是清静无为、恪守"道"的原则。他不妄为，不伤害别人，别人也找不到对他下手的机会，这就可以排除造成人们寿命短促的人为因素。

老子用他的一双饱经风霜的慧眼，发现了人们奔竞趋走中的虚假和不真实。人们为什么要在欲望的路途上急奔狂走、不死不休呢？

老子认为，这是因为他们过于爱惜自己的生命了，但任何事物一旦出现了"过于"就会使事情走向反面，所以，过于爱惜生命就反而是祸害生命。

作为人类，因为过于爱惜生命就会广事聚敛，为此而不择手段，岂不知多蓄必厚亡。而且，财富积蓄多了，觊觎者就会潜伏在四周，生命就处于各种危险的包围中。也是因为过于爱惜生命的原因，很多人总想要出人头地，要大权在握，要颐指气使，要招摇过市，岂不知权力越大，所树敌人也就越多，能够得善终的人甚少。

人们常常说："人生在世，就是图个名。"名声被夸大为生命的最终目的，至于"人为财死"更被许多人视为理所当然了。我们很少冷静地想一想老子的告诫：名利和生命哪一样对我更重要？我们求名求利的目的是什么？有些

《老子》
64个人生智慧

人沽名钓誉不择手段，有些人为了发财而丧尽良心，到头来，沽名钓誉之徒声名狼藉，见钱眼开之辈一贫如洗，轻则锒铛入狱，重则一命呜呼。

我们是一群社会动物。既然是"动物"，就离不开物质必需品；既然是"社会的"，就必然有人对我们进行正面或反面的评价。名利对人到底有什么价值呢？我们应当怎样对待名利呢？

"难得糊涂"，在对待个人功名利禄的问题上不失为一剂良药。

一个人一生的道路是很宽阔的，当官为民，有钱没钱，其实都一样可以活得有滋有味，各有各的活法。一切都随时空的转移、个人的条件为依据，功名利禄不必下力量去追求，官大五品，腹中空空，也是虚有官禄。"芝麻绿豆"一个，身怀绝技，照样誉满全球，悠哉快哉！但是，"人是贱坯子"，没有追求就活得乏味，没奔头，还得要追求。功名利禄到手了，"七品"的还想闹个"六品"，有了"六品"想"五品"，有了"五品"，又眼馋"三品"，于是就得巴结，拼命地巴结。只在"品"级上巴结，人品就大大地降低了，这也活得太累。假如持一种"难得糊涂"的"糊涂主义"，一切顺其自然，认真做事，老实做人，得则得，不能得不争；当得没得，不急不恼；不当得而得，也不要，这才叫聪明人，活得轻松，悟得透彻。

人生就像一场田径比赛，不管多么努力，技术运用得多么出色，结果总会有相对于第一名的落后者。享受欢呼的，只是那成千上万名中第一个冲到终点的幸运儿。生活又何尝不是这样？相对于那些在某一领域因出类拔萃而获得万众瞩目的人物来说，绝大多数的人都是那些在平凡的工作中、平凡的家庭中默默尽力的人。而且，人生风云变幻，又有多少人没有品尝过世事沧桑的滋味呢？

不知哪位哲人说过，在生活和工作中不是任何付出都会有回报的。确实如此，有时生活存在明显不公平，不光你自己觉得不公，连周围的民意也认为不公。在这种情况下，千万要想开，不能耿耿于怀，忧心忡忡，更不能失去理智，即使从养生之道出发也不必肝火太盛。潇洒地想，一次涨薪不就几块钱吗，不能为几块钱闹不痛快，叫人看低了自己的人格，看小了自己的风度，

智慧 27
清静无为，远离死地

应放宽自己的心，自己找乐，转移"痛点"。

从社会需要来说，每一种工作都是必需的。只要每个人做好自己的分内工作，维持物质的丰厚，构成社会的繁荣，就应该自傲自豪。若从生活的价值来说，能够体味人生的酸甜苦辣，做过自己所喜欢的事，没有虐待这百岁年华的生命，心灵从容富足，则在富在贫，皆足安心。即所谓"不戚戚于贫贱，不汲汲于富贵"。

在这个问题上，孔子有一句著名的话，叫"不义而富且贵，于我如浮云"。

人不能嗜欲太过，以不正当的手段去谋求富贵。一个人所具有的价值，只要它确实存在，就不会因为穿着华服或破衣而有所改变，关键在于有自持之态。陶渊明荷锄自种，嵇叔夜树下锻炼，均为贫介之士，但他们的精神却万古流芳。君不闻自古以来就有"窃钩者诛，窃国者侯"的史笔？故古人曰："达亦不足贵，穷亦不足悲。"人不可以苟富贵，亦不可以徒贫贱！这对于我们如何看待生活，的确是足资凭借的箴言。

要做到不戚戚于贫贱，不汲汲于富贵，就要具不贪之心，要懂得播种一分、收获一分的道理，不要强求，不要希图意外的惊喜。

元代有一位著名的教育家叫许衡，一年夏天与众人行路，当时十分口渴，正巧路边有一片梨林，大家一哄而上，摘梨解渴，唯许衡不动。问他为何不吃，这梨树无主啊！许衡答曰："不是自己的东西，就不该乱拿，现在世道混乱梨树无主，难道我的心也无主？"不贪就应该是我们的心中之主。

《一千零一夜》中阿里巴巴的哥哥高西木进了四十大盗的藏宝洞，欣喜若狂，攫宝不已，忘了回家，致使强盗回来，把他砍死。

佛祖在《佛说四十二章经》告诫世人说：财色之取，譬如小儿食刀刃之饴，甜不足一食之羹，然有截舌之患也。

其实，在古人的眼里，"富贵"两字，是人人都可以做到的。"不取于人谓之富，不屈于人谓之贵"，白衣草鞋自有一股飘逸清雅的仙气；粗茶淡饭自有一份闲适自在的意趣。

在中国的古代哲学思想中，道家思想是最机智、最富有辩证因素的一种。

《老子》
64个人生智慧

道家思想特别强调事物在一定条件下的互相对立与互相转化，老子说："大道废，有仁义；智慧出，有大伪；六亲不和，有孝慈；国家昏乱，有忠臣。""持而盈之，不如其已。揣而锐之，不可长保。金玉满堂，莫之能守。富贵而骄，自遗其咎。"一国之君虽然是在万人之上，但若要稳居万人之上，必须先学会能安处万人之下；"江河所以能为百谷王者，以其善下之，是以能为百谷王。是以圣人之欲上民也，必以其言下之；其欲先民也，必以其身后之。"

一个人要求名求利、立功立德，必须首先要从不求名利做起，不能自视有德，假如处处表现自己有德，惟恐失去自己的"善"名，那实则就已失去了德。同理，一个人要想得到什么，就应该先给予别人、帮助别人，使"既以为人己愈有，既以与人己愈多"。

老子对生命安危的看法，在所有混乱动荡的时代，在所有欲望澎湃、人心躁动的社会，都足以引起人们的警戒。

智慧 28
抱有冷眼旁观的人生态度

【原文】
"万物并作，吾以观其复。"

【解析】
万物都一齐蓬勃生长，我从而考察其往复的道理。

老子在说了"万物并作"之后马上说"吾以观其复"，意思是"让我来看它们是如何反反复复的"。这句话显然是冷眼旁观的意思。

一切都好像在蓬勃发展，其实都是泡沫，只有我们自身才是真实的。

万物是万物，我们是我们，应保持距离。

朱自清在少年时喜欢闭门读书，过年也这样。亲戚家的孩子问他这么热闹为什么不出门走走，朱自清说：一出去看这看那，心就要乱几天，不划算，不如在家读书清静好玩。看来朱自清深得清静之旨，管他什么"万物并作"，我不作就是了。

后汉有两个大名士：管宁与华歆。二人为友，经常一起读书劳作。有一回两人在园子里锄菜，不知谁锄到了一块金子。管宁继续锄他的菜，在他眼中金子与瓦石无异，在菜园的泥土中出现都是多余之物，应一并锄去。华歆则把金子捡了起来。还有一回，两人同席读书，忽闻门外传来车马之声，原来有贵人经过。管宁读书如故，雷打不惊。华歆抛书出门看贵人，半天才回来。管宁因此割席分坐，大叹曰："子非吾友也。"

无疑，华歆是个随波逐流者，管宁则是一个冷眼旁观的有操守者。在管宁看来，金子与瓦石无异，贵人车马过门只会制造噪音，毫无意义。再亮的金子一晃而过，再漂亮的车马也是一晃而过，何必管他？如果金子已逝，车

《老子》
64个人生智慧

马已过，我们还痴想不已，岂不是上了当、亏了本？亏本买卖我们为什么要做？

管宁凡事不动心，实是"贵我"之举。天地之间以我为贵，怎么可以贱卖？孔子说"非礼勿听，非礼勿视，非礼勿言"，也包含了一个节约成本的意思在内。视了非礼之物，为了非礼之事，人就会心乱事乱，搅坏一大片，又要收拾残局，又要消化后果，太不划算。

《诗经》上说："其出东门，有女如云。虽则如云，匪我思存。"是说出了东门，看到美女如云。虽然美女如云，并不是我想要的。《诗经》这段诗挺有意思，一句"匪我思存"大有管宁锄金如瓦石之意。管他什么红男绿女，都只不过是些颜色罢了。

看到一个焦急地向妓女要回衣服的男人，希腊智者第欧根尼讽刺道："可怜的人，当失去这衣服对你来说更好时，现在你为什么还如此痛苦地要回它呢？"

脱掉的衣服还可以要回，人一脱掉自然本性，一味追逐欲望必会坠入无边地狱。

老子说："万物并作，吾以观其复。"是说万事万物，反反复复，天堂地狱的把戏无穷无尽，真正有智慧的人应当去另寻生存之地。

海德格尔说："人，诗意地栖居。"

陶渊明说："结庐在人境，而无车马喧。"

这种人境是摸得到的居所，不是假想的蜃楼。外界是虚幻的，如果我们也虚幻，还能抓住什么？溺水的人见什么抓什么，新生婴儿也见什么抓什么。一者是因为恐慌，一者是因为好奇。恐慌与好奇都是好东西，因为它能唤醒本能。麻木不仁地活着无异于行尸走肉，智者呼唤人们醒来，就像春风呼唤焦土醒来。

老子说"万物并作，吾以观其复"。虽是冷眼旁观，但并无憎恨，甚至要毁灭万物之意，而是任他繁华一片，我绝不打扰人家。不过，方便的时候还是要给别人提供方便。

正如耶稣所说："我来是为要成全你们。"

有道者一方面能成就自身，一方面能成全别人，这样他才能度己度人。

智慧 28
抱有冷眼旁观的人生态度

有个禅宗公案：

有人问："佛说要普度众生，谁来度佛？"

众僧哗然，以为大逆不道。

这时明月和尚越众而出，大声说道："众生来度佛！"

明月和尚的意思是佛在度众生时，佛也被众生度了。就像船接人过河，人过了河船也过了河。

鲁迅在《野草》中写道："我姑且举灰黑的手装作喝一杯酒，我将在不知道时候的时候独自远行。"鲁迅这话也就是"老子出关"的意思。

老子说"万物并作，吾以观其复"正是独自远行的意思。万物反反复复，意义有限。有智慧的人应当另寻故乡。

"结庐在人境，而无车马喧。"陶渊明这两句著名的诗是对老子"无为"境界的最佳诠释。无为之人退隐山林，做一个纯粹的自然之子。他也到城市中行走，视高楼如岩石，视人群如动物，依然悠闲自得。

老子说"万物并作，吾以观其复"，即包含闪在一旁隐居于人境的意思。

人境就是人间，而不是世外。只有在人间才能享受世外。世外桃源不在世外，就在人境。据说老子出关后又折回，他又回到了人境以内。

老子说："功成亭遂，百姓皆谓我自然。"意思非常明白，就是指示我们要向自然学习，得自然之道者必会成功。

所谓成功，就是达到某一制高点与和谐点，这是事理运动的坐标。事理运动不过是人道执行天道的一个过程，它本身折射天道规律。天道规律就是自然规律。得自然规律者得事理，得事理者就可以办成事，就能成功。

老子主张人要师法自然，说："人法地，地法天，天法道，道法自然。"最终人法自然。

自然有两个意思，一就是具体的大自然，指山河大地，森林河流。二就是浩大的宇宙及其规律。人在宇宙中，人是宇宙人，因此人如果合于自然之道，合于宇宙规律，人就可以是自然，就可以是宇宙，当然能有一番大作为、大境界。从被约束到自由，从自由到自然，从自然到自化，从自化到自圣自美，可以为天人。

《老子》
64个人生智慧

智慧 29
知错能改，善莫大焉

【原文】

"古之所以贵此道者何？不曰：求以得，有罪以免邪？故为天下贵。"

【解析】

自古以来，人们所以把"道"看得这样宝贵，不正是由于求它庇护一定可以得到满足吗？犯了罪过，也可得到它的宽恕吗？就因为这个，天下人才如此珍视"道"。

老子认为，"道"是天地间最可宝贵的。所以可贵就在于"求以得，有罪以免邪？"这就是说，善人化于道，则求善得善，有罪者化于道，则免恶入善。"道"并不仅仅是为善良之人所领悟，不善人并不被道所抛弃，只要他们一心向道，深切体会"道"的精髓要义，即使有罪过也是可以免除的。老子在这里给人们包括有罪之人提供了新的出路，还是很有意义的。

这种想法与孔子所言"君子过而能改"的说法是有相近意义的。君子不怕犯错误，只要能认真改正，就不算错误，而且，这只是君子才可以做到的。老子从主客观两个方面为有错者提供了出路，"道"不嫌弃犯罪之人，肯定会给他改错的机会；而犯罪者本人也必须学道、悟道，领会道的真谛，主客观这两方面的条件缺一不可。

佛法亦云："从上皆称改过为贤，不以无过为美，故人之行事多有过差，上智下愚俱所不免。惟智者能改过迁善，而愚者多蔽过饰非。迁善则其德日新，是称君子；饰过则其恶弥着，斯谓小人。君子之过，如日月之食，人皆见之，及其改焉，人皆仰之。"

在"晋灵公不君"的故事中，士会劝晋灵公说："人谁无过？过而能改，

智慧 29
知错能改，善莫大焉

善莫大焉。"（《左传·宣公二年》）

所谓瑕不掩瑜。日食月食，太阳月亮暂时好像被黑影遮住了一样，但最终掩不了自身的光辉。君子有过错也是同样的道理。有过错时，就像日食月食，暂时有污点，有阴影；一旦承认错误并改正错误，君子原本的人格光辉又焕发了出来，仍然不失为君子的风度。

另一方面，对于一个有地位的君子，也就是领导人来说，就像太阳、月亮一样，居于高处，并且大家都看惯了他光辉的形象，不像一般人，亮不亮没关系，反正也没人注意。居于高位的领导人一旦犯错误，很容易被大家发现，就像太阳、月亮一样，稍有一点点黑，就被人们觉察到了，所以尤其需要谨慎，一言一行都要注意。当然，你一旦改正错误，那也很容易被大家发现，因为大家都仰望着你嘛。

知过必须能自省。孔子主张"一日三省吾身"，无疑是知过的有效方法和途径。然而世人多自以为是，鲜作自我反省。尤其是青年人，往往自信好胜，总以为自己比别人高明正确，缺乏自我反省的精神，从而导致分不清是非，看不到过失。

知过还应"闻过则喜""从谏如流"。人们认识事物的能力总是有限的，对自身的检视也不例外，应多吸取他人的正确意见。然而，良药苦口，忠言逆耳，若听不进逆耳话，则于知过无补。

唐朝御史大夫杜淹，有一次在朝廷上提出一项建议后，受到右仆射封德的批评，杜淹啥话也没说。唐太宗很奇怪，问他如何不争论。他冷静地回答："天下之务，当尽至当，善则从之。"杜淹这种"闻过则喜""从善如流"的态度，很值得我们借鉴。

知过能改，关键是改。有些人好面子，即使自知过失，也不愿让人知道。一旦被人指出，受到批评，就认为伤了自尊心，失了面子。有的恼羞成怒，强词夺理，拍案而起。个别人还鲁莽行事，铸成大错。

其实，对于面子问题，要有正确认识。有时候，你愈要面子，就愈要丢脸。只有你不怕丢脸，撕破了面子，诚心诚意改正错误，也许还保住了面子。

《老子》
64个人生智慧

知错能改，这话是很有教益的，能改需要勇气，需要毅力。有些人积习已久，不肯下决心去改，或改之又犯；有些人小过能改，大过却不能改；有些人易改的改，不易改的不改。这都不能算改。

晋朝周处年轻时，是个有名的"浪子"。《世说新语》上说他"凶强侠气，为乡里所患"。当时的人把他和"南山虎""长桥蛟"并称为"三害"。当他自己知道自己也是一害时，对自己的胡作非为追悔莫及，很想改过自新，但又不免有些悲观，认为自己"年已蹉跎，恐将无及"。

有个叫陆云的人，听说周处有悔改的愿望，便对他说："古人贵朝闻夕改。君前途尚可，且患志之不立，何患名之不彰！"周处"遂励志好学，痛改前非"，后来终于成了一位屡建奇功的名将，功在国家，名垂史册。从周处的故事中，我们不是可以得到一些启迪吗？

"攻人之恶，毋太严，要思其堪受；教人以善，毋过弃，当使其可从。"恶行是与德行的对立，是对社会或他人利益的损害，是对合乎德性的社会秩序的破坏，是对道德自由的践踏。因此，一个社会道德价值导向的根本任务，就是彰善瘅恶、扬善祛恶，惩治和防治丑恶现象便成为必要。

但道德价值的结构，在任何一个社会中都是非常复杂的。它不仅有善与恶的区别，如恶的不同层次就有极端自私、理性自私及羞涩自私的区分，有极恶、甚恶及偏恶的区别。因此，惩治恶行必须区别对待，方法得当。恶人恶事，总是事出有因，或为是非不明，或为本性蒙蔽。况且人皆有善性，恶人亦当如此。

惩治恶人也要适度，不可太过严厉，当以促其改过弃恶为目的。既要对不该发生的恶行加以制裁、禁止，对作恶者施加压力，迫使其中止恶行；又要让其弃恶从善，改过自新。若让一恶人自觉其非而改之，即是成就一善人。若一味严苛厉责，则会增其逆反心理，偏执心志，从而酿成大恶。

智慧 30
掌握好说话办事的分寸

> 【原文】
> "美言可以市尊,美行可以加人。"
>
> 【解析】
> 美好的言辞可以换来别人对你的尊重;良好的行为可以见重于人。

在日常生活中,人与人之间难免要交往、协调。在此过程中,如何做人,做一个受欢迎、受尊敬的高尚之人,是世人都在思考并为之奋斗的目标,俗语说得好,"世上难事千千万,最难还是做人难",从表面上看,做人似乎很简单,谁人不知,谁人不晓?但其实做人是一门高深学问。

一个人要在复杂的社会中正确对待各种人、事,必然要学会"做人",不谙此道者,必然处处碰壁,一事无成;而精于此术者,则在做人时潇洒自如、事事顺利。

"善言,无瑕谪。"这是说善于表达自己看法的人,不会在自己言谈中留下任何授人口实的把柄。人类的语言交流看起来虽然奥妙无穷,其实,作为一种生存工具,人类语言与飞禽的嘶鸣、动物的嚎叫并没有本质不同,无论人类在语言运用的技巧上下了多少死力,进行了多少创造,发明了多少词汇,包裹和粉饰得如何美丽,但它充其量只能感动人而不能感化物。

这使我们联想到了动物语言,任何一个动物——无论狮子、老虎、狐狸、老鼠——如果不是因为觅食、寻偶或遇到了重大危险,决不会狂吼乱叫,语言对于它们来说,是切实地为了生存而不是为了交流而存在。鸟类是飞禽走兽中比较喜欢进行语言交流的生物,但一般也不是无缘无故地乱叫,大多也是出于生理之需要。

《老子》
64个人生智慧

　　以人类语言与鸟类的鸣叫进行对比，是一件饶有兴味的事情，许多鸟类的鸣叫——如黄鹂、云雀乃至布谷——在我们感觉来说，真犹如天外纶音一般地心旷神怡；也有些鸟类的鸣叫——如乌鸦、麻雀以及猫头鹰——在我们感觉来说，就有点不敢领教。人类语言何尝不是如此？高明的语言令人如醍醐灌顶，拙劣的语言则使人厌烦透顶；高明的语言能够开凿人的混沌，拙劣的语言则令人妄生杂念；高明的语言使人破除迷津，拙劣语言则使人误入歧途。可见，语言无瑕疵之重要！

　　一个人的说话办事能力不仅是重要的，而且是不可或缺的。人们生活在世界上，置身于社会中，交织在各种矛盾、利益、关系之间，不管因公因私，为人为己，都必然要与人办事。而办事从更多意义上说大都是以自己利益为中心的。不管是物质利益还是精神利益，不管是长远利益还是眼前利益，若想达到自己满意，实现自己的愿望，都必须通过一系列巧妙的办事过程把这一切运筹到自己手中。

　　世上早有"为人处世和说话办事要讲分寸"的劝勉，但"分寸"到底在哪里，大多数人却未必说得清。能说清这二字的人，可以说都是聪明、练达和城府极深的人，凭着对人事的明达、老成和世故，他们中的大多数人都已跻身于少有的成功者队伍中了。有人说通往成功的路有多条，但殊不知每一条路上都布列着大小不一的"分寸"二字，不管是与人说话、与人办事，差不多都有深深蕴藏着分寸的玄机。

　　很明显，一个人在社会上把握不好分寸，就说不好话，办不好事，也更难做到愉快地与人交往，这样的人因不识眉眼高低，怎么能顺利地跨过成功的桥梁呢？世上能够把握分寸的人总占少数，也许这就是成功者总是少数的原因。

　　历数古今中外的成功者，特别是那些开国创业之君、霸业之主或那些历朝历代在仕途上春风得意的人，均可列为知轻重、识眉眼、懂分寸的睿智之士。世人通常提到的"会说话""会办事""有人缘""识体面""知礼节"，几乎都是讲究分寸的大报偿。想想那些碌碌无为的庸常之人，再想想自己曾

智慧 30
掌握好说话办事的分寸

经碰过的钉子、跌过的斤斗、吃过的苦头,哪一桩哪一件不是因为分寸使然呢?

从一定意义上讲,分寸是一种不偏不倚、可进可退的中庸哲学。

在孔子看来,凡事如果"过"了,就是违反中庸之道,就是不讲分寸。因此他说:"君子中庸,小人反中庸。"坦白了就是君子讲分寸,小人不讲分寸。

人们在社会上为人处世时确实存在一个把握分寸的问题,处理得好,能使生活和谐圆融;处理不好就会导致不良结果,轻则受訾议与诮骂,重则自毁口碑或功败垂成。

即使在琐碎的生活中,"分寸"也是无所不在的。比如炒菜,盐多了谓之咸,盐少了谓之淡;裁衣,尺寸大了谓之肥,尺寸小了谓之瘦;工作,做得少了谓之懒,做得太多谓之狂;给孩子爱少,谓之无情,多了谓之溺爱。

人生碰到最多的问题就是"将事情做到何种程度"的问题。将生理调节和自我调节结合起来,才构筑完美的人生,才能使生活变得更有意义,爱因斯坦就是自我意识极强的人。他有利用科学成果与名望聚财条件,却没有这样做,他说每一件财富都是一个绊脚石,他被许多国民推荐为总统候选人,也许他真的有当选总统的机会,但他却婉言谢绝了。他很好地把握住了分寸,终生老老实实蹲踞在"科学家"的角色中,最大限度地实现了人生价值。

爱因斯坦的才思实属罕见,是我等可望而不可即的,但可效法他的精神,失意时不气馁,得意时不忘形,过分之事虽有利而不为,分内之事虽无利亦为之——这完全能够做到。

人们在社会生活的各种活动中,都要掌握适度的原则,将分寸紧握于手中,铭记于心中,也许明天的人物头(领头人)就是你。

《老子》
64个人生智慧

智慧 31
做人做事都应善始善终

【原文】
"民之从事，常于几成而败之。慎终如始，则无败事。"

【解析】
这句话的意思就是人们做事情，总是在快要成功时失败，所以当事情快要完成的时候，也要像开始时那样慎重，就没有办不成的事情。老子告诫人们，无论做什么事，都必须具有坚强的毅力，从小事做起，才可能成就大事业。

老子依据他对人生的体验和对万物的洞察，指出"民之从事，常于几成而败之。"许多人不能持之以恒，总是在事情快要成功的时候失败了。出现这种情况的原因是什么？老子认为，主要原因在于将成之时，人们不够谨慎，开始懈怠，没有保持事情初始时的那种热情，缺乏韧性，如果能够做到"慎终如始，则无败事"。

老子认为，一个人应发挥智能或技能的最佳状态，只有在心理平静的自然状态下才能做到。

总之，在最后关头要像一开始的时候那样谨慎从事，就不会出现失败的事情了。

现代心理学证实了老子这一名言。世界上多数伟大的科学家，其智力与我们这些凡人并没有什么两样，他们成功的秘诀是具有超越凡人的非智力因素：强烈的事业心，吃苦耐劳的干劲，尤其是持之以恒的毅力和善始善终的精神。

追求的目标越远大，所要付出的劳动就越多，所要进行的时间也越长，

智慧 31
做人做事都应善始善终

而且，有些工作越到后来难度越大。开始完成的多是些外围或简单的工作，到接近尾声时剩下的都是些硬骨头，这时就更需要热情、耐力和毅力。但可悲和不幸往往就出在这儿：许多人在事业开始时劲头十足、热情也高、精力集中，随着困难的增大和时间的拖长逐渐气馁，越到最后就越粗心，事情快要办成了却甩手不干了。就像爬山的人快要到达无限风光的顶峰，却因腰酸腿疼而突然止步，多可惜！

无论做世界上最容易的事情，还是做世界上最难的事情，都少不了"坚持"二字。没有坚持不懈的精神，最容易的事情都会变难；有了坚持不懈的精神，最困难的事情就会变容易。

雨滴穿石，并非依靠猛劲儿，而是靠持之以恒的滴落；千里之行，并不是一天到达的，而是一步步坚持不停地向前进的结果。所以，我们要依靠大道的自然规律，不要强求，只要坚持谨慎，就可以成功。

战国时，秦国国富民强，气势最盛。秦武王以为从此可以高枕无忧了，便以骄色示人。上谋士见势不妙，便进言提醒武王道："诗曰'行百里路半九十'指的是把持到最后关头最为困难。今天的霸业是否能成，还得看各方诸侯是否出力，然而大王现在就沾沾自喜，以骄色示人，忽视图霸的准备，若让他国知道了，受诸侯攻击的恐怕非楚而秦了。"秦武王虽精于政治，其霸业也只维系了短短的四年。可见他没有听进谋士的忠言。

在施政方面，真正做到善始善终、居安思危的，要数唐太宗李世民了。太宗常对左右说："治国之心犹如治病。病人希望尽快痊愈，求医心切。如果病人能认真听从医生的嘱咐，配合治疗，病就痊愈得快，反之，恐怕就要使病情恶化，甚至丧命。治国也是同理，要想保持天下安定，就得事事谨慎，若在关键时刻有疏忽，必招亡国之祸。

"现在天下的安危置于我一人肩上，因此，我要慎重地警惕自己。即使歌功颂德，我还需检点自己的言行，加紧努力。但是，只靠我一人是难有作为的，希望你们能做我的耳目，发现我有过失，请直言无妨，君臣之间如有疑惑而不说，对治国是极其有害的。"

《老子》
64个人生智慧

　　唐太宗如此开明，才引出善谏的魏徵，以这种态度施政，才出现了中国历史上有名的"贞观之治"。

　　当珍妮和4岁的儿子走到街边准备过马路时，突然一辆失去控制的轿车飞速向他们直冲过来，这时他们已来不及躲闪。

　　轿车撞到了离他们只有几步之遥的栏杆上。那辆红色轿车的影像永远都不会从珍妮的记忆中抹去。其实当时珍妮并不确知那辆车距离他们有多近，在最后的一刻，珍妮将身体背转了过去，但那辆车真的就停在了他们眼前。人们都停下来询问珍妮和儿子的情况。

　　"车没有撞到我们。"珍妮从巨大的惊吓中醒过神来，接着她蹲下身，将儿子紧紧地抱在怀中。"妈妈，那辆车刚才差点儿朝我们开过来。"儿子声音清朗地说道，他完全不了解一辆时速50公里、重达1吨的汽车冲过来时，会对他这个35公斤重的孩子造成怎样的伤害。

　　珍妮走到那辆车前，里面坐着一位60多岁的妇女，双手仍然握着方向盘。"你还好吗？"珍妮问她。

　　"有一辆车在我面前突然转弯，让我的车失去了控制……"那妇女开口说道。

　　那天的事发生之后，珍妮在家中的院子里种了100多株球茎花卉，它们在寒风料峭的早春就会奇迹般绽放，一位做园艺的朋友把它们称作"与未来的契约"。

　　珍妮告诉丈夫她爱他，并写了3封迟到的感谢短笺。她还思考了很多有关生活中的危险与匆忙之间的关联。

　　无疑那位差点撞死他们的老妇人当时行色匆匆，好像要赶下一个路口的绿灯。而那位突然开车转弯的司机肯定也是在赶时间，才会冒险如此地横冲直撞。

　　而珍妮自己也并不是完全没有责任，由于忙碌的生活，珍妮想节省下两分钟，就没有多走半条街到十字路口去过斑马线，而是想在中途横穿马路，结果却险些葬送自己与儿子的生命。

　　在现实生活中，我们总是会这样，当我们行色匆匆时，就可能会失去生

智慧 31
做人做事都应善始善终

活所必需的谨慎。有时候就是在一刹那之间，我们就失去了生活的全部。因此，在任何时候，我们都不要轻易和生活开玩笑，一步一个脚印，踏踏实实，认认真真地保持生活应有的节奏。

许多人在做事时，开始比较谨慎，过不了多久，就松懈下来了；有的人对大事、难事比较谨慎，对小事、容易事就疏忽。生活中不是常常有因忽略小事而酿成大祸的惨痛教训吗？到了困难的事情面前一筹莫展，还不是因为在容易事前疏忽而导致的吗？因此，如果不想失败，就要十分谨慎。

俗话说"行百里路半九十"，就是指事物进展到尾声时切勿疏忽大意，以防前功尽弃。

此外在做人方面我们也要注意善始善终。比如在拳击比赛时，对手双方开始是明来明去的较量，慢慢双方都想暗地里伤害对方。打麻将开始是大家在一起寻开心，输了几着以后就开始怒目而视甚至拳脚相向，由开心变成了伤心。许多情人或夫妻起初爱得死去活来，最后两人都恨得咬牙切齿，有的人年轻时是时代弄潮儿，到老来却成了历史的绊脚石……人类诸如此类笑着出去哭着回来的事举不胜举，看来，好的开头不容易，好的结局就更难，所以英国人说："谁笑到最后谁笑得最好。"

中国从古至今没有笑到最后的名人很多，现代文学史上的周作人，现在很多青年对他十分陌生，有的根本就没有听说过他的名字，但他却是五四时期的风云人物，是中国新文学在理论和创作上的开路先锋之一，尤其是他优雅恬淡的小品文使许多人心醉。早年与兄长鲁迅一起痛骂军阀，讨伐独裁，同情学生，向往民主，中年以后锐气消沉，最后由颓废走向堕落，在抗日战争中当了汉奸！他人既已被社会所不齿，文自然也不会被人珍视。他可说是学贯中西，渊博儒雅，最后的结局叫人痛心。

我们再把目光转向千年以前的唐代。唐玄宗在一般人心目中只是个爱女人的风流皇帝，很少人知道"开元之治"的盛唐气象是在他手中出现的。他在位的前二十年刻苦自励，励精图治，任贤臣，远小人，文治武功在中国封建社会中算得上是辉煌的，当时政治清明、国力强大、经济繁荣、文化发达，

《老子》
64个人生智慧

中国最伟大的诗人李白、杜甫都是他那个时代培育出来的。可悲的是到了晚年，他骄奢淫逸，张九龄等忠直之臣一个个被贬斥，像李林甫这种口蜜腹剑、杨国忠这样平庸败坏的小人在朝廷飞扬跋扈、酿成了安史之乱，他自己失掉了爱妃，丢掉了皇冠，唐王朝从此一蹶不振，由英明之主变成荒淫之君，由万民欢呼变为世代嘲笑。

唐代立国之初，一代名臣魏徵就告诫唐太宗说："古今的君主，开始做得好的倒是很多，能始终如一的却数不出几个。"唐太宗也许算得上始终如一的皇帝，早年十分节俭，晚年也不敢奢侈；前期能虚心纳下，后期仍不刚愎自用。可惜，中国像唐太宗这样的皇帝太少了。

就常情而言，青年时属于创业阶段，一般人都能夹着尾巴做人，进入老年以后有的理想变成了现实，就容易毫无顾忌地放纵自己；即使那些壮志成空的失败者也觉得再用不着谨慎了，破罐子破摔。常言说"老丑，老丑"，老了不仅皮肤上出现了条条皱纹，在精神上也容易露出般般丑态。只有像鲁迅先生这样的伟人，老来才不断地清洗身上的暮气，不断地解剖自己，他的晚年恰如衔山的夕阳，红霞满天，光彩耀目。

我们每人都是用一声啼哭来向这个世界报到的，让我们用满面笑容与这个世界告别吧！

智慧 32
学会找准自己的位置

> **【原文】**
> "天之道其犹张弓与。高者抑之,下者举之。有余者损之,不足者补之。"
>
> **【解析】**
> 自然的规律,不是很像张弓射箭吗?弦拉高了就把它压低一些,低了就把它举高一些,拉得过满了就把它放松一些,拉得不足了就把它补力一些。在这里老子强调了他一贯的均衡思想,这一点对于我们在一个竞争激烈的现代社会如何找对自己的位置不无启发。

在现代社会要想成功和有所作为就必须把自己放在一个合理的位置,甚至要为了适应现实,而适时地对自己进行适当的调整。否则,高不成,低不就,就很难找到自己的位置。

这一点对我们每个人的影响都很大。首先我们不自觉地把自己体验为商品,已经感觉和认识不到自己的价值,而只能了解自己在市场上的"交换价值"。一个人是否有价值,现在主要是看他在人才市场上是不是"抢手货",在市场上好不好"卖",有没有公司争着要他。至于他的情感是否丰富、有没有健全的人格、有没有道德水准、是不是忠厚老实,都不是重要问题了,主要是你能不能为公司挣钱。

总之,现代人对职业的选择没有自我的主动,而且无所谓选择,只是被动地随着市场变动,人才市场上需要什么专业人才,大家都去学什么专业,很少人去根据自己的气质和个性选择专业,而是什么专业吃香就去学什么。

现代人也不可能真正有自己的个性,任何属于个人的东西都是"不合群"的污点,喜欢沉思和独处被看成是孤僻内向,执着可能被视为缺乏灵活性,

《老子》
64个人生智慧

心情忧伤沉重也不能表现在脸上，否则被视为个性忧郁。就像商店要把门面装潢得富丽堂皇吸引顾客一样，每个人都得把自己"装潢"得富有吸引力。

人们按流行的标准装得"开朗""乐观""诚实""进取""灵活"……什么样的个性畅销就把自己装潢成什么样的个性。我们常称赞一个男性说："他是个标准的男子汉！"称赞女性也是用"标准的东方女性""典型的现代女郎"来评说。

人就像机器零件一样，必须符合"标准"才受人欢迎。现在谁也不敢保持独立的自我，不可能确定自己人格的支点和稳定的本质特征，因为大家必须不断适应人才市场的要求，必须不断改变自我。人们首先考虑的不是自己精神的愉快和幸福，而是关心自己的"销路"，在这种情况下还怎么谈保持自我呢？人们尽量使自己"灵活"和"有弹性"："你愿意我怎样我便怎样，你喜欢什么样的人我就可以成为什么样的人。"人们没有真正的自我了。

因而，我们学习知识不是为了实现自我的价值，而是为了使自己具有更高的"使用价值"，提高自己的业务水平与工人提高产品质量，在本质上完全一样，都是通过提高"使用价值"以便将来在市场赢得较好的"价格"。我们今天培养人格和个性不是为了道德修养，更不是为了人格和个性的自我完善，而是为了使"自己"的个性更讨人喜欢。严格说来，现在我们没有"自己"的个性了，那些自认为是自己的个性，实际上是社会期望的个性，自认为是自己的那些人格，实际上只是社会人格。

无论是专业学习还是个性培养，我们都不是为了获得自我、占有自我和实现自我，唯一的目的是适应市场、讨好他人，以便将来自己推销自己时更有资本，更为抢手。

"世有伯乐，然后有千里马"，一匹千里马如果能遇到伯乐就是十分幸运的。"千里马常有，而伯乐不常有"，这就告诉我们应该善于表现自己。

孔子也说："只要是行仁义的事，就是在老师面前也不必谦让。"

在《里仁》篇里，孔子曾说："君子对于天下的事，无可无不可，只要是符合正义的就行。"所以，孔子的学生说他是"毋必，毋固。"（《子罕》）

智慧 32
学会找准自己的位置

即不死板，不固执。

孟子更是赞美说："该快就快，该慢就慢，该做官就做官，该辞职就辞职，这就是孔子啊。……孔子是圣人中最识时务的，是集大成者！"（《孟子·万章上》）

回到"当仁，不让于师"来看。凡事让于师是遵从师道尊严，当然不算错。但是，只要是行仁义的事，也就不能拘泥了。这里又包含两个方面的意思：一个方面的意思是说，当自己的意见和老师的意见发生分歧时，老师错了，自己是对的，这时就不必谦让，而应该坚持自己正确的看法。这也就是古希腊哲学家亚里斯多德那句名言："吾爱吾师，吾更爱真理。""当仁，不让于师"的另一个方面意思是说，只要是行仁义的事，就要自告奋勇，积极主动上前，而不要谦让于其他的人。比如说大家选举你当人民代表、职工大会代表什么的，为大家服务，为民众疾呼，有什么可谦让的呢？

既然连老师都可以不必谦让，其他自然就不在话下。所以我们今天大都说"当仁不让"而省去"于师"两个字。那意思是说，只要是行仁义的事，合于仁义，那就什么人都不必让了。

翻开史册，战国时期的毛遂，三国时的黄忠，还有许多的改革家，这些人无不怀有远大抱负，但更让我们佩服的是他们勇于自荐，他们充分相信自己的能力。由于自荐，他们才没有被埋没。

现在有些人不理解那些勇于自荐、善于表现的人，说那是"出风头"和"目中无人"的表现。其实不尽然，不管是"日心说"的捍卫者布鲁诺，还是"相对论"的提出者爱因斯坦，他们都时刻表现着自己的才华。他们的"表现"已得到世人的认可。缓慢氧化和燃烧都是氧化反应，燃烧是将自己的热情一下全释放出来，表现自己的亮度。如果不一下子点燃，那就会像缓慢氧化一样，慢慢消失殆尽。

《老子》
64个人生智慧

智慧 33
深藏不露容易成功

【原文】
"古之善为士者，微妙玄通，深不可识。"

【解析】
古时候善于行道的人，微妙通达，深刻玄远，不是一般人可以理解的。

深渊的深不能测出来，要石头落下去才知道。

"微妙玄通"，就是有些事很微妙，很神秘，但又很易说得通，一点就破；"深不可识"，就是深藏不露，让人不可知或不可全知。

在此重点不是讲什么是深藏不露，而是讲怎样深藏不露。

庄子说："钝刀易割。"意思就是钝刀容易割手，因为它的锋芒看不见，容易被忽略，看似没有锋芒，只要你陷入它的机锋，它就会锋芒毕露。

其过程如下：深藏不露—锋芒毕露—善刀而藏之。

从深藏不露到锋芒毕露，最后又善刀而藏之，锋芒内敛而消失。刀伤人而刀不觉，人被伤而刀无伤，造成这一效果的乃是刀的"钝锋"。

苏东坡家在峨眉山下，少年时有一次去山上玩，看见一个老和尚在磨刀，别人磨刀刃，这个老和尚却磨刀柄。

苏东坡见此哑然失笑："喂，老和尚！你磨刀柄做什么？"

老和尚边磨边说："这样不割手呀。"

"我从没听说刀柄会割手"，苏东坡那时还打不破这禅机，没怎么在意就下山去了。

时光荏苒六十年过去，当苏东坡感觉自己也是个老和尚时，有一天忽然明白了自己这一生之所以多灾多难，拿不准自己的命运，岂不正因为刀柄割

智慧 33
深藏不露容易成功

手吗？割手的往往不是刀刃，因为刀刃再锋利也隔了段距离，刀柄与手零距离接触，往往会硌伤，甚至割伤了自己的手都不知道。

苏东坡一下子明白了"刀柄会割手"的道理，回想那个峨眉山僧磨刀柄，真是个高人。既然刀柄会割手，人又不能不拿刀，那么就应该常磨刀柄。避其锋芒，乃可把握。善磨刀柄者善使刀，做事无不利。

《诗经》上说："以柯伐柯，其则不远。"前一个"柯"指斧柄，后一个"柯"指木头。斧柄也是木头做的，人拿起木头砍木头，伤木头的不是斧子，而是斧柄。所谓"以柯伐柯，其则不远"，就是说用木头砍木头，就会懂得伐木之道。

"则"，法则也，道也。

"以柯伐柯"，就是以其道治其身。

"磨刀柄"，指让刀不伤手。

小李飞刀使刀时，手与刀合而为一，所以他的刀已成为他的手的外延，永不伤手。

刀都是磨出来的，人们只知道刀的锋利，不知道刀的钝朴。人们通常又以为刀柄安全，其实刀柄最锋利，刀最关键的部位就是刀柄，而不是刀刃刀尖。原因很简单，刀柄是着力、传力的所在，要刀就是要刀柄，谁也不能手拈刀尖来作战，那样更会伤了自己。

老子非常道，就是让人反着想，顺着想，条条想透。人们常以为刀刃刀尖是刀，其实真正的刀是刀柄。刀无刃还是刀，刀无柄就是一块什么也不是的铁片。

老和尚说："刀柄磨圆了不割手。"这个道理苏东坡六十年后才悟出，从此自去锋芒，深藏不露，成为大家。

老子说"深不可识"，就是要让人深藏不露，不能干"此地无银三百两"的蠢事，处处招摇，处处做活靶。

老子说："古之善为道者微妙玄通。"所谓"微妙"就是体悟大自然的"近亲法则"：用同一类东西可以制住同一类东西，比如以恶制恶。所谓"玄通"就是体悟大自然的"远交近攻法则"，攫取近处资源以图远，就像《庄子》里的大鹏鸟击水三千里，然后才能扶摇而上。

《老子》
64个人生智慧

智慧 34
创造"天时"与"地利"

【原文】

"居，善地；事，善能；动，善时。"

【解析】

最善的人，居处最善于选择地方；处事能够善于发挥所长；行动善于把握时机。

"人和"可以制造出来，"天时"与"地利"也是制造出来的。

老子说"居善地"，就是说人要自己选择好地方。"动善时"，就是说人要自己选择一个好的时候上路动身。综述其意，人要主动制造天时地利，不是坐等，而是积极选择。

天时可以制造吗？当然可以，一切都是制造出来的。春夏秋冬、风云雷电都是自然界制造出来的。人不能制造春夏秋冬、风云雷电，但可以参与制造。

所谓参与制造，就是享受制造的过程，简言之，就是享受现成，如春天看花，夏天看彩虹等，赶上时候就叫制造天时，因为造物主如果没有人看到与享受它的作品，一定也无趣得很。有了我们的参与，天时才会准时。

地利当然也可以制造，那就是自己走到对自己有利的地方去。

罗马皇帝哲学家奥勒留在一次宫廷宴会中告诫大臣们说："做每件事，说每句话，都要注意到你每时每刻都可能结束你的生命。"

确实，所谓"天时"随时会降临，因此我们要主动趋吉避凶。老子说"动善时"，意在告诫人们要自己把握生命的火候，要自求多福，积极主动赶往好时候，就像赶集一样，你去了就能买到好东西，不去就没有。

所谓"居善地"，就是自己找好地方。

智慧 34
创造"天时"与"地利"

刘备先前转战中原，一无所获，后来得了四川宝地，才得以实现抱负，称起帝来。刘备如果不"居善地"，必将继续被曹操追得满天飞。

所谓"动善时"，就是自己找好时候出来活动。

蛇怕冷，在冬天的时候也不好捕食，所以它为自己预设好了冬眠。冬眠一过，就在春天缓缓苏醒，正好赶上捕食的好时候。

"居善地"才能成善道。尧舜时有个赫赫有名的大隐士巢父，为什么他叫"巢父"呢？"巢父"的意思就是居住在巢中的老人，这位隐士喜欢像鸟一样筑巢而居，自由自在，无拘无束，最后修成了仙道，胡子与头发齐飞，裸体与云天一色，靠的就是当初"居善地"的修为。

"动善时"，人应该应时而动，不应该妄动与到时不动。《易经》上说："妄作，凶。"与老子此处讲的"动善时"互补。

智慧 35
真正聪明的人不卖弄自己

【原文】

"知者不博,博者不知。"

【解析】

真正有知识的人不卖弄,卖弄自己懂得多的人不是真有知识。

在别人面前切勿夸夸其谈,卖弄自己懂得多、懂得早。因为在这种你自认为最得意的时候,往往就是别人最讨厌你的时候。须知:过于倨傲、目中无人、唯我独尊,开口便是"我如何如何",只顾自吹自擂的人,下次将没有人再愿意与他交谈。社会心理学家指出,一般人都不喜欢嘴上老挂着"我"字的人。

好为人师的人总是自以为是,好为人师的人不负责任的言论也常常会误人误己,不但容易引起不必要的纠纷,还会影响自己的心态。

做分数运算的时候你会发现:当一个分数的分子不变时,其分母越大,分数的值就越小。这并不只是一个简单的数学规律,在生活中的许多方面,都可以领会到它的含义。列夫·托尔斯泰曾说过:"一个人就好像是一个分数,他的实际才能好比分子,而他对自己的估价好比分母,分母越大,则分数值越小。"托尔斯泰用形象的比喻揭示出做人的道理:不要自高自大,过高地估价自己。

过高估价自己的人,往往目空一切,好高骛远。对于身边的小事不屑一顾,认为自己是个不凡者,等着做一番惊天动地的大事业。结果往往是一生碌碌无为,毫无建树,最后还在可笑地埋怨自己没有好的机遇。还有一种人,经过奋斗,也取得了一些成绩,就自满起来,躺在学历上睡大觉,陶醉于以

智慧35
真正聪明的人不卖弄自己

往的成功之中不思进取。这样的人，永远活在对过去的满足中，只会吃老本，不能立新功，以后也难有大的发展。

以上这两种人对待人生的态度显然是不可取的。从表面来看二者似乎有些差异，但本质是相同的：妄自尊大，唯我独尊。这种心理往往会影响人的进取心，事业难有突破，因而自暴自弃，对社会无所贡献。大而言之，会延缓社会的发展，阻碍时代的进步。

由此观之，盲目抬高自己，给自己过高的评价，对个人的成长没有益处。那么是不是对自己的评价越低越好呢？答案显然是不对的。

也许有人问："分子一定时，分母越小，其分数值越大，这不是符合数学规律吗？"那么，当分母减小到零时，分数就失去了意义，人生也无价值可言了。当分母减小成负数时，整个分数就变成了负值。这结果不正和你的初衷截然相反吗？

过分低估自己的人，常常遇事无信心，见人矮三分，妄自菲薄，自暴自弃，落落寡合。即使为自己制定出一定的目标，也缺乏成功的信心，因此，事业上很难有什么成就。

一个人好比一条船，无论大小，都必须随时知道自己处在什么方位，载重几吨，航速多少。所以说，做人要善于剖析自己，只有当他正确地认识自己的才能和价值时，才能在各种条件下，特别是在不利和艰难的条件下勇敢奋斗，显示和发挥自己的才能，对社会尽责。

我们应该认清自己的弱点和短处，避免去做劳而无功、力不从心的事。既不要妄自菲薄，也不要自吹自擂，更不能过高地估价自己、给自己一个"跳起脚，够得着"的目标，而是应该脚踏实地地做事，对自己有公正客观的评价。这样，个人的能力才能充分地发挥，人生的价值才会有很好的体现。

老子一生憎恶智巧，然而他却是古今的大智者；他一生痛恨阴谋，却又被人说成是阴谋家；他一生讨厌权术，专讲权术的韩非子却向他取经；他咒骂了一生统治者，而历代统治者却向他讨教治国的方略。你说这怪不？一点也不怪。

《老子》
64个人生智慧

老子认为人应该取法天地自然。自然界的水流花开，鹰飞鱼跃，春华秋实，这一切都不是刻意追求的结果。大自然是无意识的，但处处充满了生机。天地并不想去实现什么，但又样样都实现了。

人类何不像大自然这样以"无为"的态度对待一切呢？处处顺应自然的规律，不背离自然去追求个人目的，这样反而能达到自己的目的——老子把这叫作"无为而无不为"，表面上什么都没有干，其实什么愿望都实现了。难怪从历代当权者到今天的企业家，都对"无为而无不为"感兴趣了，这也许是中国一种最特殊最神秘的管理手段。

智慧 36
忧患只能来自我们自己

【原文】

"宠辱若惊，贵大患若身。何谓宠辱若惊？宠为下，得之若惊，失之若惊，是谓宠辱若惊。"

【解析】

受到宠爱和受到侮辱都好像受到惊恐，把荣辱这样的大患看得与自身生命一样珍贵。什么叫作得宠和受辱都感到惊慌失措？得宠是卑下的，得到宠爱感到格外惊喜，失去宠爱则令人惊慌不安。这就叫作得宠和受辱都感到惊恐。

"圣人为腹不为目"，老子注意到了身体之存在对精神及行为的重要影响。按照最一般的理解，所有的生物因为存在着比较固定的形体，往往使自己陷于盲目的行动中而不能止步，也几乎为了维护这个形体的存在而往往断送了生命中的自由。

老子的道理，我们在某种程度上可以理解为：自从人类依靠智慧的头脑和知识的心灵日益获得进化之后，尤其是自从人类大踏步地跨入到文明时代之后，就开始陷入文明的陷阱中而无力自拔。知识进步以及欲望的扩展，在缺少了神秘大自然的威胁之后，便开始向人类自己逼近。"宠辱若惊"四个字，以画龙点睛之笔，把人类生活中的困顿处境刻画得惟妙惟肖。

"宠"这个字的内涵很宽泛，宠爱、宠幸、宠荣、宠儿以及受宠、被宠，笼统地代表了一个人在社会、国家和集体中的地位。宠爱、宠幸是上位者对在下者的态度，受宠、被宠是在下者受到在上者的关顾，伸展开来，也可以形容某人在国家、社会、集体中的处境；这种受宠或被宠的处境很微妙，一

《老子》
64个人生智慧

般认为，它象征了某些人在国家或社会群体中的优势地位，但有时却不尽然，宠儿也可能只是社会、国家或权力者们所豢养的宠物，但无论如何，人们对于"宠"的降临，无不鼓掌欢迎。

至于"辱"，其内涵也很复杂，在一般意义上，所有带"辱"字样的词——如屈辱、耻辱、凌辱、侮辱、欺辱等——都意味着社会地位的低下，所以，"辱"字对于每一个人来说都极力回避之，如果不能回避面临的"辱"，则稍有血性的人都会以生命来回应"辱"的挑衅，这样的事实几乎写满了整个人类史册。人类为了一个"辱"字，几乎血染了前进征程。

老子在此提到的"宠辱若惊"四个字，非常形象地刻画出人类心态及行为动态的最重要特征，如果说"宠辱"两个字代表了人生的所有哀荣，应该不是夸大之词。

随意浏览人类历史，到处可以看到"宠辱"二字下的牺牲品，这应该是文明时代以来人类所面临的重要困境之一。为什么宠辱两个字会具有如此魔力？其实，宠辱并不是人类所独有的东西，我们不但在许多动物那里可以看到为宠辱所展开的血战，甚至在植物中也能够发现为宠辱而进行的较量。宠辱所以在人类历史上显得格外醒目，是因为人类的心灵随着自身的发展而不断地向外部拓展。

自从步入文明时代后，宠辱更伴随着心志、欲望、技巧、智慧、知识、文字、财货、阶级、国家、政权、等级这些东西的一并出现，成为阶级社会里的阶层、地位、财富、权力的象征。因此，在阶级社会里，宠辱所导演出来的人类历史，到处充斥了为宠辱而进行的争风吃醋、尔诈我虞、献媚取宠、阿谀奉承、口蜜腹剑、长袖善舞、笑里藏刀、诽谤中伤、造谣惑众、人身攻击，以及春风得意、光宗耀祖、金榜题名、名落孙山、衣锦还乡等等，都是从人类心灵中产生出来的制造品。它们是心灵的产物、欲望的产物、现实的产物，是非自然产物，可能也是病态的产物。

多少了解一点春秋晚期历史背景的人，都知道那确实是一个非常古怪的时代。旧有的奴隶主贵族等级制的衰败没落，促使了新的官僚政治破土而生，

智慧 36
忧患只能来自我们自己

这种新体制面向整个社会开放，便使所有的文化人、权谋者、狡诈者、智慧者、有力者和各种各样、形形色色的野心家以及有理想有抱负的人们都获得了走向权力中枢以实现个人野心、理想和抱负的畅通渠道。宠辱观正是在这样的时代风气影响下，全面地进入人们视野之内并开始介入人们的日常生活，很少有人能够逃避开宠辱带来的深刻影响。

但任凭社会大舞台如何变化多端，名和利都只有少数幸运者才能侥幸获得——其中固然得益于他们的才能智慧，但主要还来自机会和运气——大多数人在付出了不懈的努力和终生辛苦后也很难有大的收获。

于是，宠辱变成令人担忧和恐慌的东西，只要随便翻阅一下《左传》《国语》尤其是《战国策》，从孔子的游说天下、墨子的四处奔波、商鞅的献计献策、苏秦张仪的搬弄是非、庞涓孙膑的师兄师弟相争、李斯韩非的同门相残，就可以看到宠辱已经非常成功地怂恿着各式出色人物，纷纷跃居于历史舞台之上，他们搅动起漫天的腥风血雨，历史因此变得残忍而血腥，人生的道路也因此而愈加扑朔迷离。这时，得志的宠幸者往往高奏着凯歌荣归乡里，而失败的屈辱者们或者逃之夭夭或者经常搞些卧薪尝胆及悬梁刺股的把戏。

老子实在是一名对世事洞察入微的哲人，形容人类生活的变化起伏，没有比宠辱更加形象贴切的词语了。

生活在春秋时代，看在老子眼里、听在老子耳朵里关于宠辱纷争的丑闻自然数不胜数。眼看着那么多才智之士为了区区一个宠辱之得失而不惜以生命相殉，老子除了满心悲哀和一脸的无奈，还能做些什么呢？他清楚地知道，宠辱背后的一切几乎都与真实的人生相悖，而且，与耻辱相比，荣宠是更加卑下的东西。人们只要看一看那些飞黄腾达、不可一世的人物，在他们趾高气扬的背后满含了内心的紧张、恐惧和不安；看一看那些为了获得宠幸而杀掉自己的婴儿为主人进食乃至为主人品尝粪便，就可以知道得宠并非那么值得追求。得宠和受辱同样会产生强烈的惊恐感，人类普遍感觉到它们对自身的影响之强烈，这是文明所引导出的不幸结果之一。

天下人都在忙忙碌碌地寻找着什么？都在企求着荣宠而逃避着耻辱，他

《老子》
64个人生智慧

们为此不惜以身相殉。

　　本来，任何生物的身体存在只是一种自然行为，人类身体在形态上与其他生物相比并没有什么不同，也并没有价值上的优劣，但由于人类通过发达的思维，逐渐使自己在精神方面获得了一种与众不同的感觉，尽管这种感觉并不真实，但人类却因为获得了这种自信，就自觉地拥有了主宰和征服其他万物的权力。

　　这是一个致命的错误，它使人类日益滋长了自命不凡的心理，亦使人类的野心和欲望都因此而急剧地膨胀，种种宠辱得失的观念因此而深入人心并持久不衰。

智慧 37
挫其锐，解其纷

【原文】

"挫其锐，解其纷。"

【解析】

挫去人们的锋芒，解脱他们的纷争。老子认为一个人，如果锋芒外露，就容易摧折，故应磨平它，一般人各自从片面观点出发，坚持自己的意见，因而是非纷纭，无所适从，要"解其纷"，就得放弃片面。

人陷入困境为什么要自挫锋芒？锋芒都去掉了，岂不更被动消极？不是这样的。悬崖边有条大河跌落成瀑布，在悬崖与大河交接的地方有很多石头，尖石头就会被冲走，而自去锋芒的圆石头就会生根在原地，不会被冲走。

困境就是难境，这时各种力量撕拉牵扯，人极容易被冲走，因此就必须自去锋芒，善刀而藏之。《易经》卦三四："大瀑布旁边的悬崖上，留下的都是圆石头，冲走的全是尖石头。尖石头有锋芒，就会被迎头一击冲走；圆石头没有锋芒，它也不能避免迎头一击，但它可以卸力，所以不会冲走。"

《老子》揭示的"自挫锋芒之道"指出：人在困境时应自挫锋芒卸力，这样才可以全身。悬崖上的石头的寿命比水长，瀑布有干枯，石头却不会干枯。但假使当初石头不把自己变圆，早就粉身碎骨了。

《易经》讲："羝羊触藩，不能退，不能遂。"指公羊用角去撞篱笆，结果卡住了，不能退，也不能穿过篱笆进去。这句话形象地描述了人在困境中的窘状。

当此之时，羝羊要么全力一拼，强行冲，可能冲破篱笆进去，也可能把角撞断，把脖子撞折死掉。这是"不能遂，强行遂"。

《老子》
64个人生智慧

羝羊最好的选择是"不能退，强行退"，即《老子》此处讲的"挫其锐，解其纷"。自挫锋芒，抽身出困境。

当然，自挫锋芒并不就是羝羊自己把角折断，它为的就是保住包括角以内的全身，怎么能自毁利器呢？

自挫锋芒是善刀而藏之，绝不是自毁利器。羝羊要强行退，不是以自断双角为代价，而是巧妙利用双角的弧度，轻轻把力收回，这样就能从篱笆缝中退身出来，恢复自由。

抽角之时，力要轻，要反复蠕动，一来一回，一上一下，一左一右，一深一浅，一内一外，这样就可以把角从缝中退出。如果来个霸王硬上弓，一定会弓毁人亡。

用锋芒来解锋芒，寻求与凶险擦肩而过的效果。千钧一发之际，力一定要轻。就像剪炸弹上的两根引线，知道剪哪根还不行，还要轻轻地剪才不会碰着另一根。

以上是"挫其锐"，那么，"解其纷"又何谓哉？

一个线团被无形中自我缠绕成死疙瘩，"剪不断，理还乱"，越急越没用。巧手的女人最擅长解线团，她们知道唯一的办法就是一点一点地解，沿着穿线的路子退回去，这样才能慢慢解开。

第一个重点是退着走，线头从哪里穿、哪里绕，就从原路退回，有圈过圈，有环过环，有套过套，有扣过扣，总之记住线从哪里穿就从哪里退。

第二个重点是要有耐心，轻轻地，慢慢地，该使劲也要使劲，巧力能解开疙瘩。

线团都是活的，所谓的死疙瘩都是线套得太紧，只要把它解松就是活的。解线团时要理清线头，再从原路退回，该轻时手轻，该重时手重，并动用指甲的锋芒来"挫其锐"。

《老子》揭示的"解纷之道"原理即为：当事态纷乱时，要原路退回。

比如一个人贪污了点钱还没用，听说要出事，就应该把钱退回到本来的地方，可保无事。记住：是退回，而不是转移。越转移越复杂，越会连带坏事。

智慧 37
挫其锐,解其纷

有的海洋鱼的鳍很锋利,如果不慎被茂密的海草网住,可以一下一下地割开海草游出去。

这一点人要向鱼学。所谓"快刀斩乱麻"通常不是能腾出刀来斩乱麻,而是刀陷麻中,快刀被乱麻缠住了。"斩"是临空一挥,但现在刀都被缠住了是无法"斩"的,所以"快刀斩乱麻"其实就是"快刀拉割乱麻",就像海鱼割海草,要整体拉动,从一个方向层层突破。

《老子》
64个人生智慧

智慧38
要有大者宜为下的气度

【原文】

"江海之所以能为百谷王者,以其善下之,故能为百谷王。"

【解析】

江海所以能够成为百川河流所汇往的地方,乃是由于它善于处在低下的地方,所以能够成为百川之王。

用江海作比喻,这和老子的"譬道之在天下,犹川谷之于江海"的意思相同。老子喜欢用江海来比喻人的处下居后,同时也以江海象征人的包容大度。

印度的甘地有一次乘火车,他的一只鞋子掉到了铁轨旁,此时火车已经开动了,鞋子无法再捡回来.于是甘地急忙把穿在脚上的另一只鞋子脱下来扔到第一只鞋子的旁边。一位乘客不解地问甘地为什么这样做,甘地笑着说:"这样一来,看到铁轨旁鞋子的穷人就能得到一双鞋子了。"就这样一则小故事,便能让我们明白了当时的甘地为什么会获得印度人民的尊崇。

"与人为善"有益健康。对别人关心,甚至还能使自己长寿。前苏联有位老年体衰的老太太,神父已经为她做过葬礼祈祷,几乎就要埋葬了。但是,当她得知自己的女儿突然遇难身亡时,便鼓足精神,硬撑着从床上爬了起来。是什么力量,使她几乎从坟墓中爬出来呢?因为可爱的外孙女儿已经成了孤儿,需要她抚养、需要她照料。她如今不只是为自己而活着。有心理学家认为,1/3的忧郁症患者,只要愿意帮助别人,就能够自己治愈自己。

他们为此建议:当我们情绪低落,感到忧伤时,不妨到医院、老人院、孤儿院走一遭,亲眼看到世界上除了自己的痛苦之外还有多少不幸,问问他们想些什么,你能帮他们做些什么。有人认为,经常关心他人,学会热爱生

智慧 38
要有大者宜为下的气度

活,热爱生活的周围人,时时刻刻"奉献自己,协助他人生存",对自身的健康也有助益。克服旧文人式的琢磨过度、自我伤感、无病呻吟的有效方法,就是少想自己,多想想别人。学会从爱别人、帮助别人中得到乐趣。

《圣经》有句:"施,比受更幸福。"其意思是:我们从别人那里得到东西时,会觉得快乐;但当我们在给予别人时,会感到更大的快乐。

其实,真善美三方面,是一个统一体中的三种不同表现形式。只有做到真诚,才能做到良善和心灵美好;只有做到良善,才能使真诚和心灵美好得到具体落实;只有得到美好的心态,才有自己真诚的受用。故而三者缺一不可。

欧洲一个专门研究动物的机构中,有位教授负责研究"鸡",他很用心地观察各种鸡类的生活形态。

有一天,他在树林里发现一只山雉生了好多蛋,就悄悄地拿走了几个蛋。刚好有一只母鸡也生蛋了,他把母鸡生的蛋取走,换上山雉的蛋。母鸡看到蛋不一样,犹豫了一下,但是很快地就去孵这些蛋,既温柔又谨慎,好像在孵自己的蛋一样。

经过一段时间,小山雉破壳而出,母鸡带它们到树林里,自己用爪子将土拨开,寻找土和树根之间的小虫,然后咕咕地叫着那些小山雉来吃。

教授看了好惊讶!因为以前这只母鸡生的小鸡,都是喂食人造饲料;这一次,母鸡居然知道小山雉不吃饲料,只吃自然界中的食物。

教授又拿了一些鸭蛋让母鸡孵化,母鸡一样耐心地把鸭蛋孵化成小鸭,然后带着小鸭到水池边,让小鸭在水里游泳。

这两件事让教授明白一个道理:人类认为愚蠢、没有感情的鸡,其实既有爱心、又有智能!不同的人有不同的个性、习惯、观念,人与人之间的误会、冲突,绝大部分起源于彼此不了解,不相容。

一个团体能否和谐安定,关键就在于团体中的个体能否相互尊重、包容,以慈悲的胸怀彼此扶持,而非相互计较、埋怨;以清净的智能化解纷争,而非任由无明烦恼的情绪蔓延。

一只母鸡能够以爱心和智能,对待外形和生活习性皆与自己不同的异类,

《老子》
64个人生智慧

身为人类的我们，只要肯用心，当然也能以"善解、包容、知足、感恩"彼此相待。

在人的一生中，我们所见到的某些人的遭遇，极有可能是我们以后遭遇的一次提前彩排。我们要知道，在前进的路上，搬开别人脚下的绊脚石，有时恰恰是为自己铺路。心疼别人，有时就是心疼我们自己。

与人为善是一种爱心的体现，也是一种人生智慧，但是它常常放射出比智慧更诱人的光泽。有许多用智慧千方百计也得不到的东西，凭着与人为善可能轻而易举就得到了。

与人为善总是一种蕴藏在人内心深处的珍贵的感情。它是对人生的一种理解，对行为的一种保证。生活中，许多人明知彼此都需要爱的温暖，感情的温馨，但又常常用无端的猜测将满腔的爱意、友情冰封在坚硬的假面具后面。其实只要你能真正付出你的爱，那么必定会赢得共鸣，使你从中感受一份温馨和意想不到的收获。

人生在世不过短短几十年，为什么不去寻找快乐呢？其实，快乐就在我们身边，那就是与人为善。社会之中，如果人们都能与人为善，和睦相处，真诚相待，把精力放在提高学习、工作和生活的质量上，我们社会的文明程度也会随之提高，我们的生存状态也会日见好转。

智慧 39
小不忍则乱大谋

> 【原文】
> "善为士者，不武；善战者，不怒；善胜敌者，不与。"
>
> 【解析】
> 善于带兵打仗的将帅，不逞其勇武；善于打仗的人，不轻易激怒；善于胜敌的人，不与敌人正面冲突。

老子虽然反对智慧、谋略这些东西，但他尤其反对武力、暴力以及一切强大有力的表现；他本人充满了智慧和谋略，在军事学方面更有独到的见解和高深的韬略。

在老子看来，当时正在进行得如火如荼的兼并战争，简直就像小孩子的游戏一般可笑，无数辆兵车后面跟随着无数步兵，敌对双方的指挥官都是些虎背熊腰的蛮勇之士，根本不讲也不懂什么策略、计划和深思熟虑，只经过极为短暂的相互冲撞，便胜负已分。

老子反对战争——"不以兵强于天下"与"夫佳兵不祥之器"是老子的反战名言，这与他反对一切强大事物的态度相一致。但老子的柔弱并不是软弱，老子的不争并不是屈从，这在老子对军事学的看法中随处可见。

老子所倡导的不争，是他军事理论中的精髓。一个高明的谋士是不讲求武力的，善于指挥战争的人是不容易被激怒的，善于克敌制胜的人并不争一时之高低，善于用人的人对别人表示谦下。对于所有熟悉军事学的人来说，老子的军事观点都足以引起重视。凭借力气而争高下，这算什么战争？只不过是格斗罢了。

这种行为像极了两只争斗的公牛，徒逞血气之勇而已。人不是牛而采用

《老子》
64个人生智慧

牛的方式进行战争，哪里还能体现出人的高明？善战者是不容易被激怒的，这话说起来很对，但战争这种东西不就是激怒的产物吗？如果进行战争的双方能够像老子那样自处卑下、柔弱、无为，又哪里会有战争这种物事？但战争既然出现，是不是双方一定要怒气冲冲、一决生死呢？

老子认为不得已而投入了战斗，亦须保持冷静，以冷静的态度来进行战争，才能制定出合理的计划，才能避免不必要的损失，才能取得最好结果。善于克敌制胜的人，不是要寸土必争和斤斤计较于一时一地之得失，而是要获得最终的胜利，所以，能够以不争的态度来指挥战事，就往往能够把持全局、操纵战机、进退自如。

而这种不争，也可理解为"忍耐"的人生功夫。

当你不愿让命运来主宰你的一切，但又没有扼住命运咽喉的本领时，切记，应当学会忍耐。

中国的儒家和道家都强调忍耐的重要，只有忍到最后一刻才会发生意想不到的变化，才能有希望看到转机。或许你仍在向往一帆风顺，可是面对曲折的人生，所谓的一帆风顺只能是心灵的一种慰藉而已，要坚信唯有奋斗不息才能成为命运的主人。而在这一步步的努力中，你必须学会忍耐。

忍耐不是逆来顺受，屈服于命运之神的支配与调遣，让岁月的沧桑把正常的生活欲望一点点地消磨掉。忍耐就是沉默，功亏一篑都是因为不懂得忍耐的真正含义，而坚韧不拔地追求并排除万难有所超越才是忍耐的外延。

忍耐不是消极颓废，也不是在沉默中悄然降下信念的帆；忍耐是当火柴燃烧到一半的时候，接受另一半炙热的煎熬；忍耐是考验意志、毅力，检验成功的一种方式；忍耐是一个从大西洋的底部爬向珠穆朗玛峰顶部的艰难过程。

实际上，忍耐是酝酿胜利的一种高超手段。虽然忍耐有可能错过一些小的机遇，但谨慎小心可以避免意外的发生，或使意外的发生不那么让人意外。忍耐实质上是一种动态的平衡，是一种形式的转换，既不要被利多所陶醉，也不要被利空所中伤。忍耐能帮助我们透过烦冗迷惑获取真谛，对其所追求

智慧 39
小不忍则乱大谋

的目标就能迅捷如飞猿,迅猛如鹰隼。

所以要学会忍耐,要挺起坚强的脊梁,用快乐和潇洒清扫尘灰般的意志,那么,人生无论是在"上涨"还是"下跌",低迷抑或是高涨,你的人生生涯都将壮美如画。

人生有很多不如意,这时,忍是非常重要的。但很多时候因为小地方忍不住而害了大事,这就非常不值得了。

三国时的诸葛亮辅佐刘备,立志要收复中原。他经常兵出祁山,攻打司马懿。但是司马懿总是不肯出来和诸葛亮对打。诸葛亮用尽了一切手段来羞辱司马懿,但是司马懿总是置之不理,总之,就是不肯出来和诸葛亮打仗。每次都是等到诸葛亮的粮食吃完了,蜀军只好退兵回蜀国,战争就结束了。诸葛亮六次兵出祁山,每次都是无功而返,后来连唐朝的大诗人杜甫也为他惋惜说:"出师未捷身先死,长使英雄泪满襟。"司马懿能够忍,所以在国家大计上,没有被一代儒将诸葛亮打败。

忍一时风平浪静,退一步海阔天空。忍耐不是目的,而是策略。欧洲有个博学经典:难能之理宜停,难处之人宜厚,难处之事宜缓,难成之功宜智。第一句的意思是,很难的道理先不要讲。这句话哲理很深,很有用。《三国演义》里诸葛亮三气周瑜,愣把周瑜气死了。你说怪周瑜还是怪诸葛亮?结论是怪周瑜,他气量太小。

因此,当有事时,千万要稳健,不要逞一时之快而坏了大计。"小不忍则乱大谋",决不能因小失大!

人们常说,"忍"字头上一把刀,这把刀,让你痛,也让你痛定思痛;这把刀,可以磨平你的锐气,但是也可以雕琢出你的勇气。

百忍成钢,当心性修炼得有如镜子般明澈,如流水般圆韧时;当你切切实实生活在不以物喜、不以己悲的宁静中时;当你发觉胸中不断流动着"虽千万人而吾往矣"般的勇气时,历经千锤百炼,你的刀就练成了。那么拔刀四顾、纵横天下的那一天还会远吗?

《老子》
64个人生智慧

智慧 40
沉默是金，寡言是福

【原文】

"多言数穷，不如守中。"

【解析】

老子的本意是指统治者用很多强制性的言辞法令来强制人民，很快就会遭到失败，不如按照自然规律办事，虚静无为，万物反能够生化不竭。不过，我们也可以引申到现实生活中，一个人说过多的话，不如沉默更有力量。

有时候什么也不说更有力量，因为沉默时让人觉得充满暗示。

维特根斯坦说："凡是可以说的，就能明白地说；凡是不可以说的，对他就必须沉默。"

沉默丰富了我们言说的内容，也丰富了我们言说的技巧。

《三国演义》里刘备与诸葛亮初次见面话就很多，因为他们双方都有太多倾诉与交流表达的欲望，所以话多在这时是必然的，也是有用的。

另一场合，《红楼梦》里林黛玉离开贾府回老家扬州吊父，再回贾府时，宝玉与黛玉一见面，彼此无多话，只是人哭我哭，以示问候而已，完全是沉默。

宝玉与黛玉这次见面为什么会如此沉默？因为别后重逢他们要说的话太多了，所以干脆什么也不说。沉默在此成全了他们的情意，如果任何一方涉及敏感话题都只会打破完美。宝黛二人冰雪聪明，当然是什么也没说。

老子指出"多言数穷"，实际上提出了三个命题：

一就是"多言数穷"，指话说多了会智穷词穷。

二就是"少言数中"，指适当说话可以应付自如。

智慧 40
沉默是金，寡言是福

三就是"无言数丰"，指不说话会觉得说了很多。

显然老子是侧重于第三点。当他说"多言数穷"的同时也就是在说"无言数丰"。

老子主张"无为"，所以也主张"无言"。"无言"不是什么也不说，而是"我正在说"。

之所以"无言"看起来没有话，是让话在肚子里自己与自己对话，或借助身体语言暗示。

"没有话"时，人全身都在说话，眼神、嘴唇，甚至拿东西的动作，走路的姿势全都在作明确的言说。

粗心的人一见别人不说话就闷，细心的人会从对方的无言中解读对方的语言、态度、观点与暗示、指示。

《西游记》里菩提祖师手持戒尺在孙悟空头上打了三下，孙悟空就明白了是让他三更时分进去传道。

我们虽然不能像孙悟空一样玲珑剔透，但至少应该懂得别人不说话是什么意思。

"多言数穷"，就是说话多了会让自己智穷词穷。有些人喜欢喋喋不休，实际上他自己也知道没有效果，所说的不会实现。所以当有人特别话多时，可以让他说个够，以冷场来对付他。

或者强行打断他，逼问他"你究竟在说什么"，或直接说："你能否把你的观点一句话说清？"或者沉默，乃至离去，让他自己无趣。

有个饶舌者在亚里士多德面前喋喋不休地谈论，然后问亚里士多德是否烦得要死？亚里士多德回答说："不是那么一回事，因为我根本就没听你在说什么。"

另外，在必须彻底表达自己全部意思的时候，我们就必须多说、说透。

诸葛亮"舌战群儒"，应对那么多人的诘难，话不多是不行的，当然，话多的前提是说话精辟。

话可以用来和解，也可以用来杀人。

《老子》
64 个人生智慧

孔子也曾对子路说:"上士杀人用笔端,中士杀人用语言,下士杀人用石盘。"一句要命的话确实可以致死,所以,人们要避免说多话、说错话,千万别引发别人的毒语攻身,更不要示人以可以攻击的弱处。任何人都是脆弱的,不可以以脆弱示人。有人动辄示人以伤口:看看这里,我伤得多深!他以为别人会帮他救他,殊不知他在展示自己的死穴,死期不远了。

说重点,多言的结果往往就是死。你把别人说赢了意义也不大,弄不好会把对方逼急,作出什么暴力行为。很多人说话滔滔不绝,天下公理都被他说尽了,殊不知在他最得意时往往会被迎头一击。

人不能陶醉于自身,至少要一边说话一边看人,不要自顾自抒情、演说,那样会弄得不好收场。

老子说"多言数穷",一个"穷"字道出了话多之人的窘迫。话越多越窘迫,何必自己逼自己?所以,大部分时候多言是不必要的。多言必多心,多言必多事。

只有平时不多言,才能在该多言时多发言。像秉烛夜谈,长亭话别,这些都是应该尽兴说话的时候。但如果平时都把话说完了,该说的时候忽然哑了声,那也是大煞风景的。

"多言数穷",并不是让人不说话,而是要人在不该说时可以不说或少说,这样才能在该说的时候尽兴地说。

"少言数中",就是少说话可以从容应对。

很多人平时沉默寡言,关键时候不说则已,说则语惊四座,起到关键作用。这无疑是值得肯定的行为。

东晋画圣顾恺之有句名言:"一像之明昧,不若悟对之通神也。"意思是画一幅画无论好坏,都不如说话应对有意思。"悟对通神",这个词形象地说明了人在说话时可以通过当下领悟获得"通神"般的快感。

顾恺之是个非常喜欢说话的爽快人,但平时话不多,所以在张扬个性方面做得恰如其分。

有一次顾恺之从绍兴回南京,有人问他绍兴风景如何,顾恺之随口就说:

智慧 40
沉默是金，寡言是福

"千岩竞秀，万壑争流，草木蒙笼其上，若云蒸霞蔚。"

如此锦心绣口，当然不是平时贫嘴可以修炼出来的。顾恺之修养高，人豪爽，又有沉思的习惯，所以出口就是锦绣文章。

与顾恺之同时代的王献之也是说话风流倜傥的名士，也曾有人问王献之绍兴风景如何。王献之说："从山阴道上行，山川自相映发，使人应接不暇。若秋冬之际，尤难为怀。"把江南仙境徐徐道出。

魏晋名士的这种洒脱情怀与不凡的语言表达能力源于他们深厚的文化修养与从容的处世方式，这才是神仙一品的人物。

老子说"多言数穷"的同时也在说"少言数中"，即平时少说话可以在该说时说中。"无言数丰"，就是沉默让人丰富。

王阳明在《传习录》中指出很多人实际上是"辞章之富，适以饰其伪也"。

也就是说，话多的人多虚伪，话越多越虚伪。一个花花公子骗小女孩的通常手段就是夸夸其谈，好像无所不知，无所不能。如果把花花公子的话录下来给这个小女孩在十年后听一遍，这位小女孩一定会惊跳起来："他说的全是假的！"大呼上当不已。

《易经》上说："同心之言，其臭如兰。"要想让人觉得话中有清香，就必须像兰花一样默默开放。兰花默默开放，所以很香。沉默的人默默对视，所以很传神。沉默是金，无言是水。

老子还说"知者弗言，言者弗知"，就是说知道的人不说话，说话的人不知道。

人们在说话时往往只知道自己在说话，而不知道说了什么。所以要想知道自己说什么，最好不说话。那就是沉默。

当然，"沉默"也不是简单的不说话，说话也可以是沉默。我们可以同时说话与沉默，也可以边说话边沉默，在说话中沉默，在沉默中说话。

鲁迅在《野草·题辞》中写道："当我沉默的时候，我觉得充实；我将开口，同时感到空虚。"说的就是老子"知者弗言，言者弗知"的意思。

流水不说话，水中的石头溅起浪花，浪花与石头就是水的话。

《老子》
64个人生智慧

大山不说话，风吹树响，风与树就是山在说话。

人不说话，"巧笑倩兮，美目盼兮"，眉目笑容都是话。

庄子说，一般的人用嘴说话，有修养的人用肚子说话（指打好腹稿），高人则用脚后跟说话（指晃动身体表达意思）。我们应把身体语言发挥得更好。佛教中有几十种手势，分别表示不同的含义。而一般人只会摆手表示拒绝，挥手表示告别，可见身体语言可挖掘的潜能还很多。

身体语言之上的语言是灵魂语言，指精神暗示等。这一层面是最高明的。

苏东坡说："人生识字糊涂始。"同样地，"人生说话昏庸始"。所以，应该像老子所说"不如守中"。

"守中"，就是守住心中意念，不轻易耗散。《庄子》载黄帝向广成子请教长久之道，广成子说："无视无听，抱神以静，形将自正，必静必清。无劳汝形，无摇汝精，乃可以长生。"

看来"无视无听"确实是仙家至宝。老子说"五色令人目盲，五音令人耳聋"。人一天到晚如果被各种杂音充斥耳朵，就会真的什么也听不见。

大树没有嘴巴与耳朵，能活千年，因为它无知无欲，守住了精气神，所以可以长生。

人想要长久一点，快乐一点，就要简单一点，不要多话，不要多事。

古希腊哲人第欧根尼有一天看到一个小孩用双手捧水喝，他马上扔掉了自己的杯子，并说："这个孩子教育了我。"

荀子也说过："言而当知也，默而当知也。"即由发言而论及核心，可谓"知"；保持静默同样能达到核心的，也可以称得上"知"。他所要表达的意思是，无论雄辩或沉默均是相同的。有时候无需开口说话，利用表情、眼神、举止、态度等等，也能充分地表达意念而接触到核心。

现实社会复杂多变，有时候不开口比开口更有效，所谓知者不尽言，即"沉默是金"，利用沉默的效果，往往会产生令人意想不到的效果。正所谓"此时无声胜有声"。

在日常生活中，有时"适时沉默"可使你避免自食其言，以及由此引起

智慧 40
沉默是金，寡言是福

的不愉快。一个朋友就因为缺乏"适时沉默"而自食其言。朋友的朋友邀请吃午饭，主人做了土豆肉冻，朋友很讨厌这种东西，但是出于礼貌他说："你做的土豆肉冻真好吃！"主人听后自然很高兴，并牢牢记住了这句话。在以后的十五年里，每次到那个朋友家里做客，主人总要用土豆肉冻来招待他。

"适时沉默"还是一种办事的策略。

有一个人到一家商店退一件圣诞节前买的礼物。当时商店里的客人很多，他要求退货时，一位忙于应付的店员说他买的东西不能退，并去招呼别的顾客了。

于是，他把礼物放在收款机旁等着。十分钟后，那位店员回来了，他冲店员笑了笑，但没有开口。那位店员在收款机前忙了几分钟后，没说一句话就拿起了他的礼物到柜台后面去了，回来时把钱退给了他。有礼貌的沉默使这个人办成了他想办的事。如果同店员吵闹，结果会适得其反。

《老子》
64个人生智慧

智慧41
看透人生的祸福变换

> 【原文】
> "祸兮，福之所倚；福兮，祸之所伏。"
>
> 【解析】
> 灾祸啊，幸福依傍在它的里面；幸福啊，灾祸藏伏在它的里面。

汉朝的淮南王刘安在所著《淮南子》一书中记录了一则消息：塞上之人，有善术者，马无故亡而入胡，人皆吊之，其父曰：此何处不能为福乎？居数月，其马将胡骏马而归，人皆贺之，其父曰：此何处不能为祸乎？家富良马，其子好骑，堕而折其髀，人皆吊之，其父曰：此何处不能为福乎？居一年，胡人大入塞，丁壮者，引弦而战，近塞之人，死者十九，此独以跛之故，父子相保，故福之为祸，祸之为福，化不可极，深不可测也。（《人间训》）

这是对老子思想福祸无常观点的最精彩诠释。此后，老子的格言被发挥为"天有不测风云，人有旦夕祸福"的民间流行观念，它不但时刻提醒着那些执政者、成功者和富贵者们不要肆意横行而必须多少注意到自己的行为分寸，同时也极大地鼓励了失意者们在漫长的人生道路上不致陷于绝望。

庄子曰："适来，夫子时也；适去，夫子顺也。安时而处顺，哀乐不能人也。"顺其自然，虽说未必能把喜怒哀乐置之度外，起码可以保持心态平衡。

梁启超也说过："安常处顺，以为社会一健全分子，以徐徐发达，人尽能之，岂待我辈！"梁某的改良主义思想从宏观上看不可取，仅为社会进步的权宜之计，但这句话中的"徐徐发达"不失为良言。顺其自然不可操之过急，尊重历史过程，迟早会达目的。可见，顺其自然，安世处顺，无论是道家，还是改良主义者，都已为我们提供了经验之谈。

智慧 41
看透人生的祸福变换

古时有一位贤者叫许由，尧帝仰慕其名，想将天下让给他。许由对尧帝说："鹤巢于深林不过一枝。"说完便离去隐居了。这句话意思是说，凡事不必求多，只要具有一个够维持正常生活的环境就行了。

"风来疏竹，风过而竹不留声；雁过寒潭，雁去而潭不留影。故君子事来而心始现，事去而心随空。"这是古人对随遇而安的解释。意思是说，人遇到事情时，会本能地有所反应，事情过后又恢复原来的安静。当进而不进，是自暴自弃；应退而不退，是不知自量。

古语说："伸缩进退变化，圣人之道也。"纵观古今历史，一个在事业上有所成就的人，必定是一个善于驾驭时势的人。顺时驭势与一成不变、墨守成规相对立，它的含义是，要按照变化了的、发展了的情况灵活机动地处理问题。

物质条件的获得，物欲的满足，不要无限制地追求那些不现实的、得不到的东西。正如卢梭所说的那样："人啊，把你的生活限制于你的能力，你就不会痛苦了。"一切理想都要植根于现实这块肥沃的土壤中。

所谓顺应客观，淡然恬然，并不是听天由命，而是敢于正视矛盾，认识现实，但又对现实生存环境和理想之间的冲突和矛盾持乐观豁达态度。生活一方面为人们提供了太多可选择的机会，同时也给人们精神上、心理上带来巨大的压力。顺应自然、泰然处之，会在你失衡时，甚至绝望时为你调整心态，重建人生信念，塑造新的自我。

好事有好事的缘（条件），坏事亦有坏事的缘（因素），万事随缘，就是实事求是。

古之得道者，处于困境仍然充满希望，处于顺境亦乐观向上。因为他们明白逆境和顺境都是事物发展中交替出现的必然规律，就像春和夏、风和雨要彼此交替出现一样。

所谓自由，就是要求自己不被任何欲念支配并将这种欲念控制自如，从而达到不受任何约束的悟道的境界。要达到这种境界，一个人方能自在地控制自己的欲念，达到理性的升华。如果达不到这种境界，我们的生活必然受着各种欲念的支配与束缚，过着没有丝毫自由的日子。

《老子》
64个人生智慧

智慧42
道的本意在于师法自然

【原文】

"人法地,地法天,天法道,道法自然。"

【解析】

人取法地,地取法天,天取法道,而道纯任自然。老子提出"道""人""天""地"四个存在,"道"是第一位的。它不会随着变动运转而消失。它经过变动运转又回到原始状态,这个状态就是事物得以产生的最基本、最根源的地方。

目前人类所能达到的最高智慧就是师法自然,而不是自以为是。

老子这句最著名的话有两解:

一、"法"就是师法,就是某物向某物学习。人向地学习,地向天学习,天向道学习,道向自然学习。自然是老师的老师,是祖师爷。

二、"法"就是被法约束,即臣服、被统治。人被地统治,地被天统治,天被道统治,道被自然统治。自然是君王的君王,是管理一切、派生出一切的上帝。

以上两解的第一层意思是"师法自然",第二层意思是"臣服自然"。关于师法自然,人类比较容易接受。至于臣服自然,很多人就不能接受了。反叛者一听"臣服"两个字就要跳起来大叫:"我反叛!我反叛!我反叛!打倒!打倒!"有一本名叫《弑神论》的哲学书。所谓"弑神"就是对神的反叛。书中写道:"从弑君到弑神,人类凭反叛获得解放。"

理论上是通的,但细想不可能。人如何能弑神成功?

弑神者最终归于神的怀抱,说人定胜天的人必须还靠天吃饭,说过要走

智慧 42
道的本意在于师法自然

出森林的人类如今已感到回归自然的紧迫性。

回归自然说白了就是臣服于自然，甘心做自然的奴隶。"甘心做奴隶？"这个说法又让人受不了，但说白了就是那么回事。人要听自然的话，无条件地遵循一切自然规律，这不是做奴隶是什么？

小时候父母强烈要求我们听话，长大了国家强烈要求我们守法，一旦人违反这些规定，就会面临可怕的惩罚。当然，有的家庭与国家是开明而民主的，但这丝毫不能掩盖一方要另一方"听话"的事实。

很多人因此想不通，走上了极端。其实事情虽然严重，但问题不在于谁统治谁，而在于大家都干了些什么。

古希腊哲学家第欧根尼有一回在海上行船被海盗俘虏并被卖作奴隶。人们问他能做什么。他说能"治理人"。第欧根尼让叫卖者喊："谁愿意买一个主人？"一个叫塞尼亚得的富人买了他做儿子的家庭教师。塞尼亚得非常尊重第欧根尼，常常说："一个杰出的天才走进了我的家门。"

朋友们终于打听到了第欧根尼的下落，赶来要为他赎身。第欧根尼却阻止了他们，说："作为哲人，即使我身为奴隶，也是他人的自然统治者，就像医生为病人服务，却是病人的导师一样。"

第欧根尼这个故事正好说明了两个宝贵的道理：

一、奴隶可以是主人的主人。

二、做一个治理人的奴隶当然要好于做一个被治理的主人。

这两个道理看起来相当怪，细想来是那么回事。第欧根尼是奴隶没错，但他是主人家的家庭教师，开始时教孩子，慢慢地全家人都听他的教诲。就这样，奴隶成了主人的主人。

这种角色的转变与双重性是双方都觉察到的，但双方都能接受，因为第欧根尼确实是个导师。

他不在导师的位置做导师，而是在奴隶的位置做导师，这就反映了人类对智慧的天生依赖，并不因地位的颠倒而颠倒，只因智者的引导而引导。

中国古代的士人最大理想是做帝王师，就是为了通过做奴隶去做主人的主人。

《老子》
64个人生智慧

老子说"道法自然",包含一个重要的思想:人类只有做好自然的奴隶,才能做好自然的主人。

也就是说:谁有道,谁就是主人,谁就能成功。当千钧一发之际,谁能明白一些简单的道理,就可以反败为胜。

"臣服于自然",最终为"自然之主",这就是人类应有的智慧。

老子非常道就是老子自然道,它都强调了一个转换的问题。这种转换不是凭空的,而是像第欧根尼一样实实在在地做好分内之事。

所谓分内之事也不是天生的,而是从分外划进分内的。所有的工作都是找来的,人类不断地学习与工作,会发现道在长大,手中的分内之事越来越多,作用越来越大。

成就这一切的当然是学习,向自然学习。

通过"臣服于自然"最终为"自然之主",基础当然是"师法自然"。

另一个古希腊哲学家德谟克利特常常坐在石阶上观赏蚂蚁和牧羊犬。有人问他为什么对自然之物有那么大的兴趣。德谟克利特说:"所有人都是自然的学生,智者更不例外。我们从蜘蛛身上学会了纺织,从燕子身上学会了建筑,从百灵鸟身上学会了歌唱。"

那么,我们当好了自然的学生,将来可以当自然的老师吗?回答也是肯定的。当然,我们当不了大自然的老师,但可以当小自然的老师,"小自然"就是人类社会。

所谓"师法自然,可以成道"就是这个意思。

老子说"道法自然",不是简单地仿生,而是在仿生的同时找出使生命成为生命的最大因素。使蜘蛛会纺织的不是蜘蛛,使燕子会筑巢的不是燕子,使百灵鸟会唱歌的不是百灵鸟,通通都是自然之道的伟力使然。掌握了自然就掌握了成就一切的法宝。

老子说:"道法自然。"道法自然不仅仅是师法自然,还包括"因自然而成道"的意思。人不能因道成道,但能因自然而成道。《圣经》上说:"道成肉身。"道成肉身后,肉身就与道脱离了,就像被倒出了酒瓶的酒。

智慧 42
道的本意在于师法自然

把白水倒回酒瓶里，白水不能变成酒，还需要"再酿"。这个再酿的过程就是道法自然。意思是人与道同一，然后共同回归自然。这样，人虽然还不能成自然，但人可以成道，取得成功。

《老子》
64 个人生智慧

智慧 43
保持自己纯真自然之美

【原文】

"见素抱朴,少私寡欲。"

【解析】

保持纯洁朴实的本性,减少私欲杂念。

爱美之心人皆有之,但对什么是美的认识和感受却千差万别。在现实生活中经常出现这样的情形:有人求美反增其丑,求雅却变得更俗,赶时髦却弄得不堪入目。

儒、道共同塑造了中华民族的审美心理。而老子对于什么是美、什么是丑、美与丑的区别与特征,应当说高于诸子百家,用于人生,耐人寻味。

"自然"是老子所谓"道"的基本特性,因为他说道是纯真自然的,道以自然为法则,那么,自然指的是什么东西呢?什么样的状态才能称为自然呢?

自然就是自然而然,也就是平常所说的天然,指万事万物没有人为因素的那种状态,也就是说自然与人为造作相对。

河神问北海神:"请问什么是自然?什么是人为?"

北海神打比方说:"牛马生下来就有四只脚,这就叫自然。用辔头套在马头上,用缰绳穿过牛鼻孔,又在马脚底钉上铁蹄,这就叫人为。不要用人为的事去毁灭自然,不要用矫揉造作去毁灭天性,不要因贪得去求名声,谨慎地守护着自然之道,这就叫回归到了本来的天性。"

现代文明使人样样都推崇人为,样样都用人工代替天然。我们人为地杀死这一类动物,又哺育出另一类动物,把湖泊改为农田,把森林砍成光山秃岭,

智慧 43
保持自己纯真自然之美

把自然的生态平衡破坏掉，这一点我们已得到了大自然的报复。就是人自己也不愿意接受自然的安排，譬如老天已经给每人造了一张脸，许多人却偏要替自己另造一张——美容院里不知制造了多少人间的悲喜剧。

落实到人类自身，"自然"就是指人的天然本性，也就是人的真性情、真思想，所以"自然"又与虚伪相对。在老庄那里，"真"与"自然"是一个意思——真的也就是自然的，自然的同样也是真的。

老子对美的认识是与他对道的理解连在一起的，他所描述的"道"的特性就是美的本质。他所描述的"道"有什么特性呢？"人法地，地法天，天法道，道法自然。"

这就是说，人、地、天、道都以纯真自然为准则。庄子也说：天地有大美却不言说，四时有明显的规律却不议论，万物有生成的道理却不表白。有德行的人推原天地的大美而懂得了万物的道理，因而纯真自然而不人为造作，这是说取法于天地的缘故。

天地为什么是美的极致（"大美"）呢？它美就美在纯真自然，一派天然而无丝毫人工的痕迹，天地调和万物却不以为义，有恩于万世却不以为仁，雕刻创造了各种各样美丽的形象却不显露一点技巧。

天地之间的事物都保持自己的本然形态，曲的不须用钩，直的不需用绳墨描直，圆的不需用圆规，方的不需用角尺，粘合在一起的不是用胶漆，捆缚在一起的不用绳索，它们自自然然生成这个样子，天地从来不加干预而让万物任其自然。

人如果也懂得这个道理，像道那样纯真自然，不为满足一己私欲而胡作非为，不为个人利害得失而苦苦奔波，像天地一样听任万事自然发展，那一定像天地那样达到了美的极致。所以，美不仅是外表的样子，更重要的还有内心修持的顺应自然的涵养和智慧。

要实现自然的美就必须无为，一有人工雕琢的痕迹就破坏了自然。

不磨砺而志向高尚，不讲仁义而有修养，不求功名而能治国，不处江海而心境清闲，不事养生而能高寿，自然无所不忘，可又无所不有，这样，无

《老子》
64个人生智慧

为至极而又众美荟萃。

美是在一种毫无目的毫无意识中实现的。天地之中的月白风清、春华秋实，或曲或直、或方或圆，并没有谁去为它苦心追求和精心修饰而成为这个样子，一切都是在无心无为中自然达到的。

老子与孔子有一段对话，说明了无为是美的前提，甚至就是美本身——

孔子有一天去见老子，老子刚洗完头正披着湿发待干，凝神定立像是个木偶人。孔子见这种情形就退出房等他，过一会儿见面说："不知是不是我眼睛看花了，刚才先生直立不动像一根枯木，好像要超然于物外而独立自存。"

老子说："我的精神畅游于万物的本源。"

孔子说："这怎么讲呢？"

老子说："明于心而不明于口，容易体验却难以言传，我只能给你说个大概。天地之中有冷有热，冷热融合变化而生出万物，天地化育万物都不留痕迹；日迁月移死生交替，其中天地无时不发生作用却又见不到它的功劳；生有所始、死有所归，循环往复却又见不到它的边际。我只知道它是万物之源罢了。"

孔子说："在万物的源头游心是个什么情景？"

老子说："那可以说是最美最乐的境界了。"

孔子迫不及待地问："请问先生怎样才能达到这种美的境界呢？"

老子说："就像山涧的清泉那样，没有目的没有意识地向山下流去，一路溅起水花一路唱着歌儿，恬淡无为而又自自然然；就像山中的百花那样自然开放，完全用不着人工修饰；就像天自然的湛蓝，地自然的辽阔，日月自然的光明，这哪还用得着人为的修饰呢？"

唐代大诗人李白把老子的这种思想用两句漂亮的诗句表达了出来："清水出芙蓉，天然去雕饰。"

老子说：善于走路的人不留脚印。同样，真正的美不带人工的痕迹。

这不仅对那些搞艺术的人具有指导意义，对那些喜欢美容化妆的女士和先生们尤其有指导的现实意义。

智慧 43
保持自己纯真自然之美

现在，给大家讲一个古希腊两位大画家比画技的故事，那些喜欢修饰的老兄和喜欢化妆的女士们也许能从中学到点什么东西。

故事说：

才乌克西斯和巴尔哈西乌斯的画都以逼真见长，在雅典画史上齐名。有一天，他们各自拿出自己最得意的杰作，在雅典的市民面前比赛绘画技巧。才乌克西斯先登台，他手中夹一幅画，外面用精制的包袱包着。他当众解开包袱皮，展示出他的画，他画的是一个小孩，头上顶着一篮葡萄，站在田野中。那孩子活灵活现，眼睛似乎能说话；那葡萄在阳光下晶莹欲滴。在公众拍手喝彩之际，空中突然飞来两只贪嘴的鸟，一下子扑到画上去啄那葡萄。于是，又是一阵更热烈的掌声和喝彩，才乌克西斯得意洋洋地走下台去。

轮到巴尔哈西乌斯献画了。观众不禁为他捏一把汗：他有比才乌克西斯更妙的绝招吗？可是巴尔哈西乌斯却笑嘻嘻地，夹着一个裹着画的包袱缓步走到台上。他把包袱往桌上一放，就若无其事地对着观众闲眺。公众急不可耐，拍手齐声喊道："快把包袱解开来呀！"巴尔哈西乌斯把手叉在腰际，依然微笑着，却并不去解包袱。于是，有人生气了，大叫声："画家！快把包袱解开，拿出你的杰作来同他比呀！"巴尔哈西乌斯很平静地指着他的画说道："诸君，我的画并没有用包袱裹，它早就摆在大家的面前了。请欣赏吧！"观众仔细一看，才知道他画的原来就是一个包袱，他夹的正是他的画。轰地一下人群沸腾了，千百双受了他"欺骗"的眼睛闪耀着惊异的光芒，一致公认他的画技比才乌克西斯更高。

如此，就说人的修饰打扮吧。能让人赏心悦目，不造作，自然而然就是美了。

浓艳有时不仅没有使女性明丽照人，反而使她显得粗俗轻浮；

翡翠项链有时并没有把女性装点得华贵典雅，却只让她显得珠光宝气，俗不可耐。

一个人的美貌好比宝石，它在朴素背景的衬托下反而更华丽，所以，打扮并不华贵却端庄宜人就格外叫人钦慕。

老子说：平淡是一种最高的美。一个人应立身淳厚而不居于浅薄，外表

《老子》
64个人生智慧

朴实而不崇尚虚华，抛弃浮华而选择平淡。

过分求美反而达不到美的目的，过分看重自己的美反而弄得很丑；不避丑就不一定丑，怕露丑就必然丑定了。

春秋时，阳子出差来到宋国都城商丘，在一家豪华的旅馆下榻。旅馆主人相当富有，养了两个年纪都很轻的妾，一个美得惊人，一个丑得吓人。

那位美妾苗条修长，婀娜多姿，双眸顾盼生辉，两眉弯如新月，从乌发到素足般般入画，不仅容貌可人，而且能歌善舞。这样美丽又加上如此聪慧，谁见了谁都忘不了她。

那位丑妾就别提了：皮肤黑而且粗，身材和双手又粗又短。阳子不明白旅馆这位阔气的老板怎么爱上了她。

可是，他住了几天后发现情况和他想象的完全相反，那位丑陋的妾受到旅馆上下的人的尊敬，旅馆老板也和她形影不离；而那位美妾则受到众人的鄙视，老板对她似乎也不怎么感兴趣。

阳子大惑不解，他向旅馆的一个服务员暗暗打听其中的缘故，那位服务员不敢直言，怕因此被老板炒了鱿鱼，只是很含蓄地对阳子说："你再住两天观察一下就知道其中原因，何必向人打听呢？"

阳子更觉得蹊跷，就留心观察二妾。

那美妾对美貌的自我意识太强，时时感到自己美如天仙，把所有人都看成丑八怪，那神情又冷漠又高傲，老想别人跪在她脚下仰慕她恭维她，那份骄矜之气真叫人受不了。

而那位丑妾自知外貌丑陋，她并不回避自己生理上的缺陷，也不因此而自卑得抬不起头，她待人接物谦恭随和，和旅馆中的招待员一律平等相待，从来不因为自己与老板的关系而颐指气使。

美妾自以为压过群芳，处处以美自炫自耀，因而大家由反感她到厌恶她，慢慢看不出她美在何处了；丑妾自谦其丑陋，为人亲切诚恳，人们反而忽略了她的丑陋，慢慢看惯了也就不觉得她丑陋了。

人的美丑的变化就这样，内在的平和，外在的平易，此丑亦美；内心傲慢，

智慧 43
保持自己纯真自然之美

外表冷漠，此美众人也就望而避之。

老子以自然无为为美，根本表现就在于个人人格的高尚和自由上，因而，在他看来外形的美并不能保证人格的高尚和自由，外形的丑同样也不妨碍一个人内在精神的美。

老子既然把自然无为作为美的本质，因而他就会把精神美看得高于外在形式的美。庄子在这一点上与老子完全一致，他写了一大批形体残缺、畸形和丑陋的人，如双肩耸得高于头顶面颊低到肚脐的支离疏、缺胳膊少腿的王骀、申徒嘉、叔山无趾，奇丑无比的哀骀它等。

形体的残废一点也没有妨碍他们精神的自由，并以形残神全而受到人们的喜爱。

鲁国有一个断了脚趾的人名叫叔山无趾，用脚后跟走路去见孔子。

孔子对他十分冷淡，不痛不痒地说："你早先做人不谨慎，犯了这样大的过错，以致自己的脚趾都被人砍了，现在再来请教怎么来得及呢？"

无趾说："我只因为不识时务而轻用我的身体，所以才弄断了脚趾。现在我之所以脚后跟走路来见你，是由于我觉得还有比自己脚趾更宝贵的东西，我得想尽一切办法保全它。天无所不盖地无所不载，我原先把先生当天地，哪里知道你是这样子呵！我万万没有想到你竟然把一个人的形体看得比什么都重要，以为身体一残废就什么都完了。"

孔子羞愧得满脸通红，一改开始时那副冷冰冰的态度，连声说："我实在浅陋。你为什么不进来呢？请说说你的高见。"

叔山无趾掉头走了。

孔子对他的弟子说："弟子们要互勉呵！叔山无趾是一个断了脚趾的人，还努力求学以补过前非，何况形体没有残缺的人呢？"

叔山无趾来到老子那儿，把见孔子的情形告诉了老子。

老子听后说："孔丘还没有解除世俗的束缚，形体不全没有什么丑的，精神不全那才是丑呢！形体亏了并不影响你成为一个'完人'，德性要是亏了那才是个名副其实的'残废'哩。"

《老子》
64个人生智慧

叔山无趾满意地对老子说:"先生这一番话像旭日的晨光,驱散了我心头的重重迷雾,从您这儿我明白了:美与丑的界限,残废与完人的区别。"

在现实生活中,形体的丑陋容易引起人们的注意,而心灵的丑恶却难以识别;人们只把身体残缺的人称为"残废",而把那些德性残缺的人称为"完人"。

美与丑竟然这样混淆颠倒!

智慧 44
坚持自己的纯真的本性

【原文】

"使夫知不敢、弗为而已,则无不治矣。"

【解析】

使一些自作聪明的人不敢妄为,以"无为"的态度去处理世事,就没有办不好的事情。在这里老子认为从社会的角度,要尽量使人人都回归纯洁的、无知无欲的自然本性。这样以自然规律治理人事,天下自然可以得到治理了。

老子认为人的本性是善良的纯真的,而种种人类丑恶行为是不合理不完善的社会制度造成人性扭曲的不正常现象。由此,老子坚持去伪存真,保留人性善美而契合自然之道的东西。摒弃所有引起人的贪欲的东西,尤其是当时流行的推崇贤能的风尚,更被他认为是最易产生罪恶的渊薮。在他的眼里,让人们在一种自由宽松的社会环境中保持人类纯朴天真的精神生活,与自然之道相契合,比物质文明虽然发达,但充满着危机、争斗、谋杀和阴谋的社会制度显然更符合于人类的本性。

会做人在今天的真实含义就是会敷衍,待人能八面玲珑,在不同场合能随机应变,人已经比变色龙不知高明多少倍。越会做人就越世故,离自然的天性就越远。

我们怎样才能返璞归真?怎样才能找回久已失去了的自然天性?

当然,人们不可能闭着眼睛生活,把眼睛一睁开就能见到逢迎讨好,就能见到圆滑世故,有的人用心计和阴谋一夜变富,有的人靠吹牛拍马平步青云,叫我们如何返璞,如何归真呢?

《老子》
64 个人生智慧

　　老子同样也看到了这些现象，他认为要保持自己的天性，就要做到虽然明知圆滑的好处，自己也甘于诚实；虽然懂得谄媚会给自己带来利益，自己仍照样挺起胸膛来做人；虽然知道在众人面前抛头露面会扬名四海，自己还是坚持默默地耕耘；虽然明白富贵荣华使人羡慕和尊敬，自己仍安于过一种贫贱卑微的日子；虽然也知道美味佳肴好吃，自己还是津津有味地吃粗茶淡饭。

　　做人应该像天空一样，虽然有不少乌云在它上面飘过，但雨过天晴，乌云散尽，它仍然还是湛蓝如洗，一尘不染；做人又应该像白玉，不管理在什么地方都不改变自己洁白的本性。

　　正人君子的外表文质彬彬，他们用一层层面具把自己的真实面目遮掩起来，衣服有一定的样式和颜色，语言总有一定的分寸，举手投足温文尔雅，面部总装有一种固定的表情。这种人不仅虚伪无聊，同时也毫无趣味。我们引为骄傲的文明如果就是这般模样，那真是太可怕了。我们在同一条流水线上制造规格一样的机器，我们是否也在用同一种见不到的模子铸造同一规格的人？人们说相同的话，想同样的问题，千人一面，万众一心，这样的文明将把人类的本能和创造力扼杀殆尽。

　　魏晋许多文人厌恶这种一本正经的正人君子，要求抛弃一切压抑人性的礼节，让每一个人能真实地表现自我，高兴时就放声大笑，痛苦时就号啕大哭，为了反抗礼法嘲弄传统，他们的行为够惊世骇俗的。

　　阮籍邻居的一个少妇美艳惊人，是一家酒馆的女管家，常在酒炉旁卖酒。阮籍与他的朋友王安丰一有空就上她那儿饮酒，喝醉了就睡在少妇身边。少妇的丈夫开始怀疑阮籍有什么歪心思，仔细观察一段时间后，见阮籍并没有恶意，也就放心了。阮籍村里有一位才貌双全的姑娘，可惜还没出嫁就死了，他与她既不是亲房又没有交往，但觉得心里很难过，就到她家去痛哭一场才离开。

　　经常与阮籍一块纵酒的刘伶，每每喝得酩酊大醉。

　　有一天家中酒喝光了，他想酒简直想疯了，缠着他妻子不放，要她去酒

智慧 44
坚持自己的纯真的本性

店为他沽酒,妻子把酒瓶摔在地下说:"你饮得太多了,这不是自己糟踏自己吗?从今天起非断酒不可。"刘伶说:"太好了,我自己没有毅力禁酒,只有求神保佑我能断掉。现在快去办酒肉来。"妻子听了非常高兴,连忙去买酒买肉供在神前要刘伶发誓,刘伶跪下来发誓说:"天生刘伶,以酒为命,一饮一斗,五斗清醒,妇人之言,千万别听!"说完把供在神前的酒肉喝光吃尽。他饮酒时还脱光自己的衣服,赤条条地在厅堂里自斟自饮。人们见后讥笑他,他回答说:"我以天地为房屋,以房屋为衣裤,你们干吗跑到我裤子中呢?"

魏晋人就是用这种狂放的行为,使自己能在世人面前袒露自己的真实面目,他们用赤条条的裸体来嘲讽文人雅士虚假苍白的面孔。

嵇康是阮籍、刘伶的朋友,他提出为人应当"越名教而任自然"的口号。"越名教"就是抛开传统束缚人的礼节、名份等,剥光自己人格、情感和思想上的伪装,赤裸裸地露出自我。

他原先一个常在一起饮酒的"铁哥们儿"山涛,后来变得俗气世故了,投靠权贵向上爬,而且还准备拉他一起下水。嵇康听到这消息后愤然给他写了绝交信,说:"恐怕你一个人去出卖人格求取富贵有些害羞吧,所以才拉我下水陪着你,让我也惹一身腥气。"

他说自己对做官求荣毫无兴趣,只想放任自己的天性,过一种自然的生活。自己性情疏顽懒惰,不喜欢受世俗礼节的约束,头发和脸常常一月半月不洗,如果不是发闷发痒忍耐不住也不愿意去洗澡。早晨不喜欢起早床,忍到小便在膀胱中转动几次快要胀出来才起床小便。他向过去的朋友讲了九条不愿做官的理由,其中有几条是:自己喜欢抱着琴漫步边唱边弹,或者去野外钓鱼射鸟,做官以后就不能随意行动;当官要正襟危坐地办公,腿脚坐麻了也不能起来活动,自己身上本来就多虱子,搔起痒来没个完,怎么能衣冠端正地去拜迎上司呢?自己特别不喜欢世故奸狡的俗人,而做官必然要与这些家伙共事,看到他们成天吹牛拍马、点头弯腰的臭气丑态,实在叫人恶心。

他不愿意为了权势和荣华扭曲自己的本性,强调要像老子所说的那样,按自己的本性生活。可以说,是否为一个真的人,对待功名权势的态度是试金石。

《老子》
64 个人生智慧

在现实生活中我们不能真实表现自我。见到势利小人很少有人公开表示轻蔑，大多数情况下还得面带微笑地应付敷衍；许多公事实在是讨厌极了，但谁也不会拂袖而去，还得耐着性子把事干完；自己平时的沮丧失望情绪很少在脸上表露出来，在人前人后总要装出一副自信抖擞的样子；自己在事业上取得了成功，更不敢在脸上露出兴奋得意的神气，否则必然招来"翘尾巴"的指责；即使是在自己的配偶、情人面前也免不了要说违心的话、表违心的态、干违心的事。在这个世界上很难见到真实的面孔了，人们露出来的都是伪装后的虚假的"脸"。

这是文明的成果。

谁也没有觉得这有什么不对，大家不仅默认了伪装和说谎，而且还在不断地鼓励。不信？你朝势利小人吐唾沫看看，不仅势利小人要与你老拳相向，旁人也会说你是"二百五"；你成功了在公开场合喊"我成功了"试一试，"浅薄""轻浮""骄傲"会一股脑儿压在你的头上。

在现代人的词典中，压抑自己的本性就叫"克制能力强"，善于伪装就叫"有涵养"。

如果叫你头上天天戴上伪装圈，你一定感到难受极了；同样，人们天天戴上意识的假面具也活得太累了，所以人类自文明诞生之日起就离不开狂欢节，酒也是伴随着文明一起诞生的。

法国、西班牙、巴西和西方其他国家盛行狂欢节，这一天人们完全打乱日常像机械一样的生活秩序，把长期压抑的情绪发泄出来，撕下一本正经的假面孔，使大家暂时能恢复各自的本来面目。这时人们说话可以不讲礼貌，行为也允许有失体统，尽情尽兴地狂欢，像发了疯似的放纵。巴西等国家每年狂欢节总要死几百人，但政府和人民宁可死几百人也要保留这个节日，如果一年到头不狂欢一下，那可能大家憋得真要发狂。

老是躲在阴暗角落里不见天日，这不是活受罪吗？老是把自己的真面目隐藏起来也叫人难受，每个人都愿意露出自己的真面目，就像每个人都喜欢阳光一样。谁都知道饮酒对健康不利，但人类离不开酒。酒后容易见真情。

智慧 44
坚持自己的纯真的本性

三杯酒下肚就敢说平时不敢说的话，敢做平时不敢做的事情。陶渊明曾经对"酒有何好"回答别人说：酒使人"渐近自然"。

返璞归真，渐近自然，是人类的起点，恐怕也是我们的归宿，总有一天人类会抛弃身上的伪装，重新恢复那种真纯质朴的本性。

《老子》
64个人生智慧

智慧 45
不要被贪欲所左右

【原文】

"祸莫大于不知足；咎莫大于欲得。故知足之足，常足矣。"

【解析】

最大的祸害是不知足，最大的过失是贪得的欲望。知道到什么地步就该满足了的人，永远是满足的。

天下的道路星罗棋布，在自然物及植物纷杂错落之间，分布着性质和作用颇为不同的道路。可以认为，植物之间有植物的道路，动物之间有动物的道路，甚至飞禽也各自有它们的飞行路线。

从不同的道路上出发，所有生物的活动方式便大相径庭。动物如果不能遵守固定的路线，就可能落入猎人精心设置的陷阱；飞禽不能遵守固定路线，就可能受到气候变化及猛禽的袭击。

在所有生命中，人类虽然是比较特殊的种类，但他们也大多遵守着比较固定的路线，世界上既没有一个民族可以固守在一条道路上毫不变通，亦没有哪个民族可以时时地变换自己的生活道路。

在每个人的生命过程中，如果不能遵守固定的路线，就可能导致生命危险。但人类群体由于受到地理环境的深刻影响，他们的生存道路便不相同。在同样的历史时期，有的民族顺着大道去发动侵略战争，有的民族顺着水路去进行贸易，有的民族沿着崎岖的小路进行迁徙，有的民族则踏着草径进行耕作。

这样，不同的人类群体便产生出不同的发展道路和路线，这些道路和路线千差万别，都是天文、气候及地理环境的鲜明产物。人们的生活习惯亦长期遵守着比较固定的社会习俗和模式化的行为方式，因此而形成了文化传统。

智慧 45
不要被贪欲所左右

传统之朝夕变易，说明了民族道路的一波三折；传统之根深蒂固，象征着民族道路的畅通无阻。

同时，为了使自己民族的发展道路不致遭到侵袭或堵塞，本民族的智者们就依据传统制定出群体共同遵守的行为规则，作为区域性的行动指南，被本民族严格遵守。

从道路而发明出具体的发展路线，是一个民族全体成员共同努力的结果。老子在此提到的"天下有道"的"道"，可以理解为正确的国家存在道路，也可以作为正确的国家发展路线，正确的路线来源于正确道路，所以二者在性质上没有什么不同。

什么是老子的正确道路或路线？根据老子的论述，可以认为那应该是一个人人知道满足的时代，但知道满足不等于真正的满足，所以，那也可能是一个物质贫乏的时代。

但人人都知道满足，就不会使人行的道路成为行军的路线，不会使道路成为强抢打劫的路线，不会使道路成为聚敛财富的路线，也不会使道路成为流亡或凯旋的路线。

老子面对天下乱局，有针对性地指出："天下有道，却走马以粪。"意思是说，当天下走在正确道路上，或有了正确而明晰的发展路线的时候，各个诸侯国家都能够自觉地遵守着此疆彼界，相互间亦颇能朝聘婚嫁、礼尚往来，彼此间大体上相安无事。在这种天下太平的时候，各国就不必时刻进行备战、也不必进行紧张的军备竞赛，所以民间的社会生活也处于比较稳定的状态。在农业社会里，农耕是唯一大事，只要国家无重要战事，百姓的马匹就不是用来拉战车的，而是用来拉粪车耕作之用。

但是，东周以来的中国社会却呈现出非常混乱、动荡的局面，由文王、武王、周公所奠定的西周封建宗法制度和以仁义道德为个人行为准则及代表社会习俗标准的纲常伦理的繁荣昌盛时期逐渐开始偏离轨道，曾经充满礼仪、谦让和温馨气氛的先王道路开始危机四伏。

大约百十个诸侯国因周天子已经不能号令天下而日益强大，它们彼此之

《老子》
64个人生智慧

间地域不同、习俗不同、大小不同、强弱不同、贫富不同，所以，在撕去了血缘关系及道德礼仪的面纱之后，便立即大打出手、刀兵相见，西周的政治路线已经路标模糊。当天下失去了正确道路以及正确路线的时候，天下的局面立刻发生巨变，老子说的"天下无道，戎马生于郊"指的就是天下失去正确道路和明晰路线后的情形。

这时，旧有的道路被堵塞了，旧有的路线失去了标记，旧有的规则以及旧有的传统和习俗都变成了明日黄花，于是，国家的外部出现了其他国家的挑衅者，国家内部出现了民众的反叛者。这时，不但耕田的农夫不得不操戈上阵，连犁田送粪的马匹也纷纷披挂起来变成了战马。

韩非子解释说：

人有欲则计会乱，计会乱而有欲甚，有欲甚则邪心胜，邪心胜则事经绝，事经绝则祸难生。由是观之，祸难生于邪心，邪心诱于可欲，可欲之类，进则教良民为奸，退则令善人有祸。奸起则上侵弱君，祸至则民人多伤，然则，可欲之类，上侵弱君而下伤人民，夫上侵弱君而下伤人民者，大罪也。故曰：祸莫大于可欲。（《解老篇》）

"祸莫大于不知足"，一般来说，不知足虽然很容易使人产生种种苦恼，但不知足怎么能变成祸患？老子是不是有些危言耸听？证诸人类史册，尤其是证诸春秋史册，我们知道老子的言论并没有夸大失实之处。

事实上，人类心灵的最重要特征之一就是永远不知满足，不知满足指引着人类跨越了人兽之间的巨大间隔，不知足带动着人类走出了漫长的原始蛮荒时代，不知足鼓动着人类逐渐脱离了无知无识的愚昧状态，可以直接地说，不知足是人类勃勃野心的反映，亦是人类磅礴欲望的反映。

而老子出于对朴素时代和无知无识状态的极端爱恋，把不知足说成是人类最大的祸患，自有其道理。我们只要随意地翻阅一下人类史册，不知足心理刺激下的历史确实充满了血腥气味，春秋时代242年的历史，父杀子、子弑父、

智慧 45
不要被贪欲所左右

臣弑君、妻杀夫的事件层出不穷，没有一桩不是出于不满足。所谓不满足既把人类历史打扮得色彩缤纷，亦使人类社会腥风血雨。

韩非子说：

是以圣人不引五色，不淫于声乐，明君贱玩好而去淫丽。人无毛羽，不衣则不犯（防）寒；上不属天而下不著地，以肠胃为根本，不食则不能活。是以不免于欲利之心，欲利之心不除，其身之忧也。故圣人衣足以犯（防）寒，食足以充虚，则不忧矣。众人则不然，大为诸侯，小余千金之资，其欲得之忧不除也。胥靡有免死，罪有时活。今不知足者之忧，终身不解。故曰："祸莫大于不知足。"（《解老篇》）

不知足者的忧虑已经到了终身不能解除、不死不休，甚至死亦不能瞑目的地步，非等闲力量所能改变。

"咎莫大于欲得。"咎是祸咎或过错、过失，欲得就是渴望得到，全句话加以引申就是最大的过失是贪得无厌。如果说贪欲与不满足对个人来说都能够引起罪恶、祸患的后果，则贪得无厌就不但可憎而且后果非常严重。纵欲是在某种可以进行的条件下不知收敛的放肆行为，不知足是一种个人主观能动性不知内敛的进取行为，而贪得无厌则是人心不知满足的无限扩大。所以，贪得无厌对国家领导者来说，往往会把国家引向无穷的灾难；贪得无厌对于普通人来说，则必然使自己陷入众叛亲离的境地。因此，老子把欲得作为一个人最大的过失。

韩非子说：

故欲利甚则忧，忧则疾生，疾生而智慧衰，智慧衰则失度量，失度量则妄举动，妄举动则祸害至，祸害至则疾婴（缨）内，疾婴（缨）内则痛，祸薄外则苦。苦痛杂于肠胃之间，则伤人也憯，憯则退而自咎。退而自咎也生于欲利，故曰："咎莫憯于欲利。"（《解老篇》）

《老子》
64 个人生智慧

　　以上韩非子对可欲、不知足、欲得的解释，虽然不尽符合老子本意，但基本上可以算是较好的注脚。2500多年后，当我们不得不面对一个欲望磅礴的时代潮流，重温老子的教诲，或许可以帮助我们回顾历史的过去，洞察事物的规律，反省生命的真谛，树立起一个有益于自我生存的理想信念。

智慧 46
用辩证思维去观察世界

【原文】

"天下皆知美之为美,斯恶已;皆知善之为善,斯不善已。"

【解析】

天下人都知道美之所以为美,那是由于有丑陋的存在。都知道善之所以为善,那是因为有恶的存在。

为万物命名,是人类的认识起点;对万物进行价值判断,是人类认识的不断升华。在这里,老子提到了一些事物中的对立关系,其中也揭示了人类认识论中的价值观最为重要。美与丑是人类的感情判断,带有人类对事物表层现象的不断认识,美好构成了人类生命愿望中的永恒主题。人类对善与恶的价值判断,带有人类对事物内涵意义的不断认识、完善,亦成为人类持之以恒的强烈追求。

对于这样一些高深的认识,不要说在天地万物都没有名称的时候不会出现,即使在人类出现的早期也难以产生。所以,"善恶、美丑"等观念,对于人类来说,都是后天产生的非自然物。而且,许多在我们看来是进步的东西,在老子看来却是退步的,有了美便有了丑,有了善便有了恶,美善导致了丑恶,这使站在虚无立场上的老子对两者共同抱持排斥态度。

虽然如此,但我们还不能断然说,自然界的事物根本不存在美丑善恶这些东西,我们不能以一种取消主义的态度来曲解人类之外的事物关系。

事实上,所有的生命都具有不同的善恶观,只不过动物之美丑、善恶感觉均出于本能。而且,所有的生命在本能上对它们眼中各自不同的美丑善恶都是能够加以分辨的,比如,兔子见到狐狸,老鼠见到猫,野鹿见到豹子,

《老子》
64 个人生智慧

都会立即择路而逃。狐狸、猫、豹子在兔、鼠、鹿们的眼里无疑是丑恶和不善的东西；反之，在狐狸、猫、豹子眼里，兔子、老鼠、野鹿无疑是美好与善良的东西。兔子见到鲜嫩的草、老鼠见到颗粒饱满的谷粒、鹿见到肥美的树叶，都会产生出亲切的感觉，这些东西在它们眼里无疑是美、是善的东西；反之，所有的草、谷粒、树叶，在狐狸、猫、豹子眼里都是丑与恶的东西。

地球上的所有生命之存在都有共性要求，如空气、阳光、水。人类的生存观念与其他生命的生存本能并没有根本不同，面对着大自然的许多违反常规的行为，如风雨雷电、洪水滔天、山崩地裂、酷暑严寒、火山暴发、飞沙走石等，人类表现得与其他生命一样惊慌失措；当春风吹拂大地，艳阳高照、雨水充沛、风调雨顺的春日，置身于风光秀丽的高山之巅，或在景色宜人的水畔，或在皎皎明月之下，或在悠悠白云之间，人类无不心旷神怡而飘飘欲仙焉，万物亦呈现出一派生机勃勃的姿态；而当秋风肃杀、阴霾四布、阴雨连绵的秋日，则立足点相同而景物皆非——如果不幸置身于荒山野岭之间，或在流沙万里之塞外，或在暗无天日的岩穴沟壑，或在雷鸣电闪之寒夜，或在飞雪飘霜之黎明，人类固然悲哀、沮丧，万物亦莫不凋零残败。

趋利避害是所有生命的第一本能，在这个基本本能面前，人类与万物没有本质不同。对所有威胁到生命以及使自己生命处于不利地位的场景，各种生命均有各自的不同感受。

所以，每一种生物都一定会把威胁到自己生命的事物视为丑恶，视为不善而加以躲避；而对那些有利于自己生命存在的事物，则视为美好，视为善良而加以亲近。自然界的生命舞台之表现无不如此。

但是，大千世界里的众生物，它们对于生命之安危只有本能之好恶，亦只是本能之趋避，唯有人类才能把这种好恶上升为理性认识，并从中演绎出生命能够相对长久存在的道理和规律。

但大多数事物中的辩证法，则是人类对事物感知后的看法，如高山与平谷之对立存在，在飞禽眼里自然没有什么不同；深谷与大川之对立存在，在走兽眼里也没有多少不同，而在人类眼里，却能够感知出难与易之明显区别。

智慧 46
用辩证思维去观察世界

从这个难易的辩证法出发,人类往往感觉到向高处登攀比寻常的走路不是一件易事,因此,被动地跋山涉水成为人生之畏途,而主动地登高望远则成为人生乐趣,地位低下成为人生的失败,而身在高位则成为人生之成就。

于是,经过人类的心理和精神上的不同理解,自然界的难易之中便演变出了人生之苦乐、悲欢的不同心理感受。所以,人生道路在性质上不能等同于其他生物的生存道路。

运用辩证法的方法来观察和认识问题,在人类认识史上,无疑是一次巨大的飞跃。在获得这种认识之前,人类混沌、朦胧地观察事物,就不免出现了两种偏颇态度。

一是把自然万物看作是一个没有区别的模糊整体,事物之间只有形态之不同而没有性质之差别。因此,沿着朦胧感觉而走上了超验主义之路,不加区别地对待万物,笼统地观察和感受大自然的共性,最终只能推导出一位制造天地万物、无所不能的上帝来。

另外一种比较极端的态度,讨论起来比较复杂,脱离了万物之间的统一和整体性,看到的只是一个个彼此隔离、孤立的个体,它们之间没有任何联系,没有统一属性,有的只是对人类的实用性,孤立地剖析和理解事物的个性,便使自然界的互存关系被曲解为予取予夺的利害关系。所以,可以把这种偏颇态度称为实用主义,沿着实用的感觉便踏上了功利主义之路,后世的知识论、价值论、科学论、技术论,大抵皆渊源于此。

相对于超验主义和功利主义,辩证法具有对事物之综合、调和的作用,它的出现,既改变了上天或上帝在人们心目中的独尊地位,亦在某种程度上缓和了功利主义造成的人与物之间的紧张关系。

有了高下便有了程度上的难易,有了难易便有了感受上的苦乐,有了苦乐便有了行动上的前后,亦有了行为之得失、有了人生之成败等一系列人类的感受,这些感受受到社会现实和人生经历的砥砺之后,变成了一种脱离物质的精神启示,成就出脱离了自然神、自然物、上帝羁绊的精神哲学。

真善美是人类进入文明时代后在信仰价值方面最为热衷和关注的问题,

《老子》
64个人生智慧

曾引起了长久的争论，对真善美的不同理解和多元认识导致了人类历史发展中的不同道路、不同路线、不同文化、不同信仰、不同追求、不同的人生态度及不同的精神归宿。

事实上，人类对待万物以及自身事物所做出的一切价值判断，都带有明显的群体臆断及浓厚的个人主观判断，其中随处都充满了错误、扭曲、专横的社会习俗之武断和不容置疑的个人之癖好。在后来的历史年代里，这些东西借助群体意识和个人主观意识的日益增强而逐渐成为各个不同时代的时尚并为人们所推重，尤其是当主观意识借助政治权力的鼓吹和阶级对立的日益扩大得以肆意传播后，所到之处真可谓风声鹤唳、天地色变，整个自然界的诸多事物都无一幸免地受到人类最粗暴的歪曲、征服、改造和蹂躏。各个地区的人类不同团体和民族之间以及人际关系中的许多激烈纷争，也往往借助了价值观上的分歧而越演越烈，甚至扩大为连绵不断的种族、民族和国家间的战争。

老子认为，包括人类在内的一切生命都应该顺应自然，在神秘莫测的大自然面前，人类应该自动地取消自己觉得积极有为的盲目行动。

经过老子的启示，我们或许可以承认，自然界万物生长变化的规律以及自然属性都是互相依赖的多元存在，有无、长短、高下、音声、前后等莫不如此，它们曾经是井然有序的自然排列组合，其中并没有高下优劣之分。我们也承认，人类在仅仅认识了事物的表层价值之后，便按照一种利己的价值取向把自然万物的相互依赖关系转换为相互对立的关系，从而不但改变了事物的属性，也连同着改变了自己观察事物的基本立场和方法，这些立场和方法不但破坏了万物之间的和谐，也使自己彻底脱离了自然界，成为大自然中最为孤立的成员。

智慧 47
立身处世的三件法宝

> 【原文】
> "我有三宝，持而保之：一曰慈，二曰俭，三曰不敢为天下先。"
>
> 【解析】
> 我有三件法宝执守而且保全它：第一件叫作慈爱；第二件叫作俭啬；第三件是不敢居于天下人的前面。

在这里，老子强调自己的道理无限博大，他说："天下皆谓我大，似不肖。夫惟大，故不肖。若肖久矣，其细也夫。"体味这段话的意思，不但老子的思想在当日已经流行天下，而老子本人也已名满天下了，否则怎么会有"天下皆谓我"的话？"大"，应该是说道大；"似不肖"，是说自己的大道好像与正在流行的所有道理都完全不同。为什么不同？老子说是因为自己的道理实在是太博大了，因此便与天下道理都不相同。那么，当时的其他道理是不是就很渺小呢？老子虽然没有明说，但应该是这样认为的。

然则，当日有什么流行的道理是渺小的呢？老子亦没有明说，但根据春秋晚期的记载，老子生活的时代并没有很多思想理论在流行，勉强地说，孔子提倡的三代王道政治虽然有足够的道德感召力，但在那样一个不讲道德的时代，根本就没有风行；而墨子的兼爱非攻等思想，也许尚没有出现，即使出现似亦没有风行于世。诚然，老子的道理确实与孔、墨的道理是极端对立的，尽管也有相同之处。

老子提出，自己的道理之所以与众不同，就在于自己拥有三样宝贝，即"一曰慈，二曰俭，三曰不敢为天下先"。

慈是仁慈或慈爱，孔子一般不太讲人类的慈爱，主要讲家庭的慈爱，所以，

《老子》
64个人生智慧

　　孔子的五伦纲常，是出于对一种血缘关系的伦理道德之维护，其慈爱范围是比较狭小的，父慈子孝是孔子的道德标准之一；老子的慈爱范围究竟有多大？他自己没有提出，我们亦无法确定，但根据老子的天下观来加以推测，他的慈爱范围大约也没有跨越出血缘家族之外多远。

　　俭是节俭，在性质上与"啬"的理论没有什么不同，节俭当然不只是一般意义上的节省财物或艰苦朴素，而是伸延到整个生命范围内的节俭——包括节省精力、节省身体能源等。孔子虽然并不主张生活上的浪费，但从来不主张俭省自己的生命，他为了达到救世理想，是不惜以生命相殉的。

　　不敢为天下先，可能是老子和孔子最重要的区别，老子主张圣人的行为应该体现谦让和卑下，以弱势姿态赢得整个群体的同情和支持，以获得长久存在，所以，无论在任何事情上，个人都不能置自己于不利的地位，即避免使自己置于死地；孔子是主张为天下先的，他厌恶一个人终生无所作为，他也反对一个人没世不名，他主张大丈夫应该像弓箭一样直来直去，不能畏缩不前。

　　老子在此热情洋溢地介绍了运用"三宝"后的效果，他说："慈，故能勇；俭，故能广；不敢为天下先，故能成器长。"慈，在一般情形下，仁慈与勇敢似乎沾不上边，为什么却能导致勇猛、勇敢？韩非子解释得很精彩：

　　爱子者慈于子，重生者慈于身，贵功者慈于事。慈母之于弱子也，务致其福；务致其福，则事除其祸；事除其祸，则思虑熟；思虑熟，则得事理；得事理，则必成功；必成功，则其行之也不疑，不疑之谓勇。圣人之于万物也，尽如慈母之为弱子虑也，故见必行之道；见必行之道，则其从事亦不疑，不疑之谓勇。不疑生于慈，故曰："慈，故能勇。"（《解老篇》）

　　经过韩非子这样丝丝入扣的分析，我们庶几可理解慈与勇的关系。俭与广的关系比较容易理解，但韩非子的解释仍值得一读，韩非子引周公之言曰：

智慧 47
立身处世的三件法宝

周公曰:"冬日之闭冻也不固,则春夏之长草木也不茂。"天地不能常侈常费,而况于人乎?故万物必有盛衰,万事必有弛张,国家必有文武,官制必有赏罚。是以智士俭用其财则家富,圣人爱宝其神则精盛,人君重战其卒则民众。民众则过广,是以举之曰:俭,故能广。

天下先与成器长之间的关系亦不难理解,韩非子对老子的解读也颇有见解,亦摘引如下:

凡物之有形者,易裁也,易割也。何以论之?有形则有短长,有短长则有小大,有小大则有方圆,有方圆则有坚脆,有坚脆则有轻重,有轻重则有白黑。短长、大小、方圆、坚脆、轻重、白黑之谓理。理定而物易割也,故议于大庭而后言,则立权议之士知之矣。故欲成方圆而随其规矩,则万事之功形矣。而万物莫不有规矩,议言之士计会规矩也。圣人尽随于万物之规矩。故曰:"不敢为天下先。"不敢为天下先,则事无不事,功无不功,而议必盖世。欲无才户大官,其可得乎!处大官之谓成事长,是以曰:"不敢为天下先,故能成事长。"

老子相当严厉地批评了不能重视"三宝"的人们,他甚至把能否运用"三宝"提高到了生与死的高度,他指出:"今舍慈且勇,舍俭且广,舍后且先,死矣。"这种类似诅咒的谴责或许有些言过其实,但站在维护个人生命价值的立场上,也许老子的教导是正确的。在一个没有正确思想指导的社会环境里,每个人都缺少正确分析事物的能力,尤其是都不能严格地约束自己的行为,如果任凭不慈、不俭、人人争为天下先的现象无止境地肆意泛滥,则每个人的生命随时都可能受到戕害,这可能是事实。

但站在维护一个大国家、大团体、大社会的立场上,如果每个人都萎缩在自我的小生命圈之中苟且偷生,则国家、社会、团体、道德、伦理都将受到伪诈者、强大者、智慧者的任意践踏,社会将出现一种什么样场面?所以,

《老子》
64 个人生智慧

对老子和孔子的思想之择取，端看个人之具体情形而定，难以评判其高低优劣。

老子身后，许多雄心勃勃的法家人物汲取了老子思想中的所谓"三宝"，从中洞察到了人性中的弱点，于是创造出了源于老子而行为截然相反的法家思想。看韩非子对老子"三宝"有非常正确的结论，他说：

慈于子者，不敢绝衣食；慈于身者，不敢离法度；慈于方圆者，不敢舍规矩。故临兵而慈于士吏，则战胜敌；慈于器械，则城坚固。故曰，慈于战则胜，以守则固，夫能自全也。而尽随于万物之理者，必且有天生，天生也者，生心也。故天下之道尽之生也，若以慈卫之也，事必万全而举无不当，则谓之宝矣。（《解老篇》）

韩非子从老子思想里发现了人性中普遍存在的弱点，慈爱是一种心理，这种心理产生出的行为恰好造成了自身的弱点。把一种慈爱心理运用到子女身上，就要努力地获得衣食的充盈；把这种慈爱心理运用到自身，就不敢冒犯国家的法度，即使这种法度极大地威胁着个人的生存；至于以一种慈爱心理来感动即将或已经投入战斗的士卒之士气，直接影响了吴起之后的一大批军事家，他们的慈爱造成了杀人盈城、流血遍野的惨境。

可见，老子固然是为天下的弱者寻找逃避强权的依据，但这些依据到了强权人物手中就居然变成了愚弄和宰割天下弱者的工具，这是后来者应该警惕的事情。

在一个人人奔竞趋驰和充满了虚情假意的时代，人们不希望有人发出异端声音，也不能允许有人以高明姿态和理性言辞来贬低和丑化自己的努力目标。老子的出现，使老子和他所处的时代共同陷于尴尬状态。

庄子高度赞扬了老子的行为，他说："出入六合，游乎九州，独来独往，是之谓独有。独有之人，是之谓至贵。"

在世事人情以及时代弊端的了解上，老子既明察秋毫、洞若观火，又常常混混沌沌、无知无识，他对那个时代和那个时代的人类已经不抱有多少希

智慧 47
立身处世的三件法宝

望和信心，却仍然希望人们能够接受他的道理，这是一个智者置身于病态时代的矛盾心理，而世道之不能容忍他正如他不能容忍世道一样。

老子最后提出了一个口号式的意见，很富有鼓动力，足以为《道德经》这部大著收场。他说："天之道，利而不害；圣人之道，为而不争。"圣人之道，代表了天道。

当我们仰望着浩瀚无际的苍茫天宇——那灿烂的阳光、那闪烁的群星、那娇媚的月色、那悠悠的白云、那清新的空气，和那春雨、夏风、秋霜、冬雪，以及那雷鸣电闪、那暴风骤雨——不能不深深感到，人类以及万物的所有一切，都是茫茫上苍的赐予。

圣人之道代表了地道。当我们瞩望无垠的大地——那山川挺拔、那河水奔流、那大地锦绣，和那苍凉的原野、空旷的草原、无边的森林，以及那金色的麦浪、丰富的宝藏、万物的和谐——不能不深深感到，正是大地给予了我们一切，而它自己却从来都无所欲、无所获、无所得、无所争、无所求。

"圣人之道"既然充满了天地的无私奉献精神，这是不是就是一种永恒的伟大？难道还不值得渺小的人类追随吗？

《老子》
64个人生智慧

智慧48
珍爱自己的身体和生命

【原文】

"贵以身为天下，若可寄天下；爱以身为天下，若可托天下。"

【解析】

珍贵自己的身体是为了治理天下，天下就可以托付他；爱惜自己的身体是为了治理天下，天下就可以依靠他了。老子从"贵身"的角度出发，认为生命远过贵于名利荣宠，要清静寡欲，一切声色货利之事，皆无所动于中，然后可以受天下之重寄，而为万民所托命。

佛云："自惜身命者，因惑尚自尽，况于他人身，丝毫无伤损？"意思是如果受到强烈烦恼的驱使，人们对自己极为护惜之身命，尚能自杀摧毁，更何况是对他人的身体，怎么会丝毫不伤损呢？

对众生来说，最宝贵、珍爱的莫过于自己的身体和生命，在身体生命遇到危害时，众生往往能舍弃一切财产与地位；可是在烦恼强烈当前时，众生会一反常态，弃自身命于不顾，甚而自毁身命来保全名利地位及身外之物。

众生在烦恼驱动下对自己的身命尚且如此作损伤，那么在同样情况下，对其他众生的损恼更无法避免。因为一般的人平时对别人身体生命的爱护，自是远远比不上对自身的爱护，在生起烦恼时，既然对自己的身体都可以伤损，那么对他人也就理所当然的会作损害了，这一点确实无可指责。人在烦恼驱动下，平时的心态与相貌都会发生变化，变得与疯狂者一般，所思、所言、所行大大与平时相异，旁人看来也是无法理喻：他怎么会变成这样呢？其实此时，他也是糊里糊涂，无法自主身心言行，陷于非常可怜的状态。能理解到这点，我们在受到他人损害时就不会去怨怪他了。

智慧 48
珍爱自己的身体和生命

所以，我们不要心中总藏着怨恨。我们可能都有过体会：自己在今生对某些人特别好，可是他始终不满意，不断地给自己带来身心伤害；有时自己根本没有做什么，可别人会无缘无故地诽谤、讥讽，给自己制造种种损害痛苦。

泰国的《法句经》中有一则公案，很能说明这个问题。公案说在很久以前，有一个妇女喂养了一只母鸡，母鸡辛辛苦苦生蛋孵出小鸡后，那个妇女便将小鸡全部吃掉。母鸡当然也是爱儿女的，为此怀恨在心，并发下恶愿："这个恶女人吃掉了我的孩子，来世我也要吃你的孩子。"

那个妇女后来投生成一只大母鸡，她前世养的母鸡投生为猫。因前世的业力，每当大母鸡孵出小鸡，猫便去全部将它们吃光，大母鸡同样也生了嗔恨，而发下恶愿："这个恶猫吃掉我的孩子，来世我也要如此。"这对冤家死后，猫投生为母鹿，大母鸡投生为豹子，母鹿生的小鹿，豹子便会毫不留情地吃掉。

这个轮回悲剧反复地上演，到释迦牟尼佛出世时，母鹿因恶愿在死后变成一个罗刹女，豹子在死后投生为女人，罗刹女又去吃女人的小孩时，那个妇女便惶恐万分地抱着小孩，逃到世尊面前寻求救护。这对冤家，一追一逃，到了世尊跟前，世尊使这对多世的冤家安静下来，然后给她们说法，并使她们明白前世的恶缘，依凭佛陀的力量，她们终于了结恶缘，摆脱了悲惨的境遇。

在轮回世间，陷入这种恶缘的众生确实是无法计数的，我们遇到恶缘时，如果还不明白这是恶业现前，而以怨报怨始终不放下，那么，"母鸡与猫"的悲剧也就无可避免地要在我们之间无限期地上演了。通过这个公案，如果你有所感触、醒悟，那何不坦然地安忍伤害痛苦的果报呢！

有人说，年少是一首歌，回荡着欢快、美妙的旋律；有人说年少是一幅画，镌刻着瑰丽、浪漫的色彩；有人说年少是一首诗，富含着精悍而充满希望的哲理。我要说，年少是人生最宝贵的财富，需要我们倍加珍惜！

令人遗憾的是，事实并非如此。某校初二年级 14 岁的梁某进入自行车棚推自行车时，因心里烦躁以及车子被压坏，便捏紧拳头对准移动他自行车的王某的面部就是一拳，致使王某左眼失明。

《老子》
64个人生智慧

某校两名男生在体育课上踢球时争吵了几句,一个把另一个摔了个跟头,被摔的男生回去后越想越生气,竟从包里拿出一把匕首把那个男生捅死……

这一桩桩令人心惊肉跳的事例,这一串串触目惊心的数字,真让人为之震撼、为之心痛,也为之深思。

其实,在生活中,有许多欢乐可寻:你可以同亲人们一起逛街,你可以同朋友们一起游戏,你可以泡上一杯茶,躺在床上,欣赏美妙动听的音乐;你还可以在澎湃的大海边与波浪一起歌唱年少的美丽……

为什么要选择害人害己呢?千万不能让树木在成材前腐蚀,不能让草儿在茂盛前枯萎,不能让花儿在绽放前凋谢!

珍惜自己,就要珍爱生命中屈指可数的有效时间,勇敢地开拓,尽情地创造。有了创造,便有了社会的新进步,文明的新开端;有了创造,便有了物质的新积累,幸福的新资源;有了创造,生命才有意义。

珍惜自己,就要像春蚕不得不吐丝,小鸟不得不清唱枝头一样,不断地奉献和进取。从我们的生命诞生的那一天起,每一个夜幕的降临或每一轮红日的升起,都意味着我们生命年轮上的一个印记,这无数印记重叠的结果便是我们生命的终结。我们在观看红日东升、夕阳西下时,实际上就是在看着我们生命的流逝。

珍惜自己,就要从现在做起:珍爱生命,热爱人生,美化心灵!唯其如此,我们的生命之花才能常开不败,我们的生命之舟才能劈波斩浪,永不停息!

人应该学会珍爱生命,因为生命只有一次。一个人先学会了爱自己,才能够去爱别人,这就是爱心。一个不爱自己的人,是没有爱心可言的。

智慧 49
参透生死之间的奥秘

【原文】

"夫物芸芸各复归其根。归根曰静,是谓复命;复命曰常,知常曰明。"

【解析】

那万物纷纷芸芸,各自返回它的本根。返回到它的本根就叫作清静,清静就叫作复归于生命。复归于生命就叫自然,认识了自然规律就叫作聪明。老子认为:万事万物的发展变化都有其自身的规律,从生长到死亡、再生长到再死亡,生生不息,循环往复以至于无穷,都遵循着这个运动规律。老子希望人们能够参透生死,了解、认识这个规律,并且把它应用到社会生活之中。

人类最恐惧的就是死亡,于是许多聪明人或自认为聪明的人纷纷出来想尽办法安慰我们这些活人,有的说人死了灵魂会上天堂;有的说人死了还可以投胎转世,二十年后又是一条好汉。可是这两种说法又不能安慰人,灵魂上天堂虚无缥缈,没有谁能知道天堂是个什么样子;投胎转世就更玄了,即使真的有可能投胎转世,那也是另外一生的事情,与现在的"我"没有什么关系。

圣人高明,说生和死是两码事,二者河水不犯井水,活着的时候尝不到死的痛苦,死了又没有生命,何必为死瞎操心呢?这看起来很有道理,其实也同样不能消除人们对死的恐惧。正确的理解是,死亡伴随着人的生长过程,每一个人一生下来就把自己交给了死,死与生一开始就结成了一体,死是属于生的,生也属于死,古希腊有一个戏剧家说得好:"也许谁都知道,生就是死,死就是生。"

《老子》
64个人生智慧

生与死是一个铜板的两面，对死的认识影响着对生的态度。人们都意识到人有一死，有人大肆地挥霍享受，有人抓紧每一寸光阴学习和工作。孔子说："不知道生，怎么知道死呢？"其实应该倒过来说："不知道死，怎么知道生呢？"

老子和庄子既能参透死，又热爱生，爱惜生命却不恐惧死亡，生命才真正怡然自得。

老子崇尚一种自然的人生态度，同样也主张以一种自然的平常心来对待生死，认为一个人应该不贪生不恶死。出生了不欢天喜地，要死了也不呼天抢地。无拘无束的来，无牵无挂的去，不忘记自己的来源，也不追求自己的归宿。事情来了就欣然接受，把生与死扔在脑后，不想方设法求生，也不想方设法避死，一切都听任自然的安排，不用心灵智慧去损害道，不用人为的办法去破坏天然。

"旷兮，其若谷。""旷"，空阔；"谷"，虚空。意思是，得道者经过长期的自我修行而使心胸达到了空旷开阔的程度，外观上就表现出了一副高深莫测、虚怀若谷的样子，这应该是通过修道所达到的一种极高境界。空旷开阔是精神成就的内质，虚怀若谷则是外在气质。老子在此所揭示的道理，如果立足于心灵和精神与自然的相互沟通，就已经完全脱离了人生范畴。心灵愈是开阔则距离现实愈远，外貌愈是虚空则距离社会群体愈远，最后就一定会制造出一个远离人生、远离尘俗、不食人间烟火、逍遥于岩穴沟壑中的特殊群体，事实上，这样的群体在老子身后不久就果真出现了。

现实生活中固然存在着心胸远大、心志开朗的才智之士，也存在着一些能够虚怀若谷的高明之士，他们大多是通过人生的阅历及知识的熏陶而获得不同程度的心灵拓展及外在气象之形成。至于沿着老子道路而逍遥于天地自然之间的仙家们，他们的心灵究竟拓展到了什么程度？他们的外在气象究竟表现出了怎样的特殊气质？局外人很少能窥透其中之奥秘。

人有出生的一天就必定有死去的那一天，就像有黑夜就必定有白天一样，这是自然规律，是每个人都逃避不掉的。把船藏在山谷里，把山谷藏在

智慧 49
参透生死之间的奥秘

深泽中,可以说是再牢固不过了,但大地的不断运动,有些山谷成了高山,有的高山又夷为平地,山谷就有变化,船当然也藏不住了。

高山和深谷都会变化,何况肉体之身的人呢?有些人一发现自己脸上有皱纹、头上生白发就发愁,实在不懂得自然之道。对于老少生死要听其自然,这样才能有一个潇洒自在的人生。

《伊索寓言》中说:有一个老人上山砍柴,把柴扛在肩上走了很远的路,又渴,又累,把柴撂在路边歇脚时说:"还不如死了的好。"死神一听连忙跑来问他需不需要自己的帮助,老人并没有要求死神把他带走,反而说:"请你把那捆柴放到我肩上。"寓言中这位老人的变化,很有人情味,也很见人生道理。

中国古代有许多人祈求长生反而弄得短命,不少皇帝为了长生不老而求仙供佛,其结果不是送了自己的命就是害了他人的命。古往今来求仙的千千万万,长生的却找不到一个。秦始皇曾派徐福带数千童男童女入海求仙,到神话中的仙山蓬莱去采不死药,徐福入海后并没有看到什么仙山,回来后骗秦始皇说:"海里有一条大鲸阻挠了去蓬莱山的航道。"秦始皇亲自带人到海边射死了一条大鲸,但还是没有采到不死药,几年后他自己也一命呜呼。李白有一首诗讽刺他说:

徐市载秦女,
楼船几时回?
但见三泉下,
金棺葬寒灰。

活着的人谁也没有尝过死是怎么回事,我们又不能与埋在地下的先人传授经验,为什么一想到死就失魂落魄呢?这是由于亲友的死给我们许多暗示,使我们把生和死的过渡想象得非常可怕。看到死尸冷冰冰的凄惨样子,再想一想未来只与黑暗、寒冷、闭塞、孤寂相伴,大家就会不寒而栗。其实这些

《老子》
64个人生智慧

恐惧心理是想象造成的。

一个人死后，即使放在有电热毯的床上，他也不会感觉到温暖舒适，把他埋在九泉地下也不会觉得寒冷；在他棺材或骨灰盒里装上电灯，他也感觉不到明亮，棺材或骨灰盒里漆黑一团，他也不至于觉得有什么不方便，即使儿女在尸体旁亲昵说笑，他也体会不到什么天伦之乐，让他一个人躺在棺材里也不会有孤独感。

死亡是大自然给人最好的恩赐，人们在熙熙攘攘的人世操心了一辈子，奋斗了几十年，现在该好好休息一下了，死亡就是一次最深沉的睡眠。

有些人一想到自己有朝一日两眼一闭，以后世界上的许多变化，人生的一切悲欢离合，都不能看一看和尝一尝，心里就哀伤惆怅。唐代著名诗人陈子昂在《登幽州台歌》中说：

前不见古人，后不见来者。
念天地之悠悠，独怆然而涕下。

他抒写了对人生短暂而又生不逢时的深沉感伤，尤其是表现了天才不被承认的伟大孤独，这首名诗有它特定的时代内容。

但就我们凡夫俗子而言，如果真的为"前不见古人，后不见来者"而悲哀，那的确没有什么道理。

生命既然有个开头，就一定会有个结局，这就像一出戏有开始就有剧终一样。哪个演员能在舞台上把一段戏从盘古开天地唱到天荒地老呢？一个演员不可能总将舞台占着不让别的演员上台，我们又怎么能将社会的舞台霸占，不让后来人登场呢？死亡只是把我们带回从前没出生的境界，回想某一时期我们没有来到这个世界，并不会使我们怎么难过，为什么一想到有朝一日我们要退出这个世界就非常难受呢？

陶渊明是东晋喜爱老庄的大诗人，他的为人和写诗达到了一种最高的境界：自然。他说自己特别喜欢饮酒，可又穷得沽不起酒，亲戚和朋友知道后，

智慧 49
参透生死之间的奥秘

有的特地买酒招他去饮,每次一去总要把酒瓶喝得底朝天,不醉不算,醉了就摇摇晃晃地回来。人家问他为什么这么爱酒,他回答说:"渐近自然。"

人生像条河流,源头处河身狭小,夹在两岸之间奔腾咆哮,冲撞岩石激起水花,飞下悬崖形成瀑布,越到下游河面越宽,河水也慢慢流得平缓,最后流进大海,与海水浑然一体,河流的界限消失不见了,从而结束了它那单独存在的一段历程,把自己的生命融汇在大海之中而毫无惋惜。

个人也是一样,青年时充满了激情,心高气傲,处处想显示自我的个性和才能,到了老年才意识到自己只是社会的一分子。假如人到老年能把生命看成河流就不会怕死,因为他明白个人的生命融进了人类生命的大海之中,他所关心的一切都在继续,人类的生命也生生不息。

只要我们永葆生命的青春,我们就会永远年轻,死亡就会永远与我们无缘——虽然大家终有一天会离开人世。

《老子》
64个人生智慧

智慧 50
久处巅峰必有隐患

【原文】

"揣而锐之不可长保。"

【解析】

显露锋芒，锐势难以保持长久。

为什么山峰越来越尖就会断掉？这是因为地心引力使然，一高就容易偏，一偏就会倒。

我们垒棋为戏，一个棋子、一个棋子地垒上去，最底下的两个还能垂直重叠，越往上就越歪，最后由直线变成弧线，最终因失重而倒塌。

现代社会的高楼大厦之所以能屹立千仞，首先就在于它用科学手段掌握好了重心，再高的楼也是笔直的，不会弯曲，因此不会自己倒。而像意大利的比萨斜塔与北京良乡的昊天塔之所以斜得厉害，是因为来自地底的震力使然。

当今世界最高峰珠峰高达8844.43米，那么这座最高峰为什么不会倒呢？如果越来越尖，珠峰也会折断。但珠峰之所以是珠峰，就在于它的大巧若拙。它也是金字塔形，但整体相当牢固，顶部基本上是直角，而不是锐角，因此不会倒掉。这就像华山的原理一样，华山是由五座山峰组成，五峰相连，力量均衡，西峰虽然很尖，但不是锥形，而是一边垂直，另一边则是一个大缓坡。

珠峰处于世界上最大最高的青藏高原之上，在青藏高原中又处于最大最高的喜马拉雅山之上，所以能傲视千山万岳，唯我独尊，这是必然的。

珠峰之顶是直角而不是锐角，台基又极大极稳，所以有增无减，不会倒掉。

华山之顶也是直角而不是锐角，又有五峰相连，所以亘古未变，不会倒掉。

智慧 50
久处巅峰必有隐患

与珠峰、华山成鲜明对比的是冰川，冰川尖锐如刀，拔节如笋，但通常都会倒掉，原理很简单，太尖了就会折断。

所以老子指出："揣而锐之，不可长保。"意即太尖锐了就会折断。人的冲劲或巅峰状态应保持在一定的水平线上，不可无限增高。凡事不可太尖锐，不可增长，人的冲劲太大就会翻筋斗，久处巅峰状态必有隐患。

人要像华山一样长久，就要遵循华山原理，像华山一样与众峰开合如莲花。同时去其锐角，保持与地面垂直而稳固的直角。

老子在说"揣而锐之，不可长保"的同时也在说："揣而折之，可以长保。"

人要想成为某个领域的珠峰，就要遵循珠峰原理，像珠峰一样稳固，像珠峰一样高而不锐，尖而不偏，这样才会保持巅峰状态。

《老子》
64个人生智慧

智慧51
凡事一定要适可而止

> 【原文】
> "持而盈之，不如其已。"
>
> 【解析】
> 执持盈满，不如适时停止。

有的东西拿在手里会不断溢出，这时不如不要，否则无限增长会把自己埋掉。

有个阿拉伯神话说一个人去寻宝藏，历尽千辛万苦终于找到。他小心翼翼地进了山洞，看到里面有个宝瓶，宝瓶上贴着一张字条写道："打开瓶盖，里面就会冒出金沙。请在取到足量的金沙后把盖子盖上。"这人欣喜若狂，打开了瓶盖，果然是宝物，一开盖金沙就像礼花炮一样飞射而出，黄金灿烂，就像做梦一样美。"发大财了！"这人用袋子装，用帽子接，用衣服兜，用双手捧，甚至鞋子里面也盛满了金沙。宝瓶里的金沙如喷泉般涌出，越喷越多，渐渐地这人没东西装了，金沙从他手上不断溢出，但他还是一动不动地跪在地上用手捧接。他只顾欣赏金沙狂涌的美景，忘了宝瓶上的告诫："请在取到足量的金沙后把盖子盖上。"最后，他被埋葬在了金沙的厚堆里。

很多人就像这个寻宝的人一样愚蠢，寻到宝后贪心过重，结果被宝物埋葬。佛家说的"酒、色、气、财"都是"贪、嗔、痴"，足以致命。

古偈语："手把青秧插满田，低头便见水中天。身心清静方为道，退步原来是向前。"

也许在人世间，每一个人都会有各自不同的生活方式，究竟何者为对，何者为错，相信是一个难以验证的问题。

智慧 51
凡事一定要适可而止

但我们现在就可以来做一个简单的实验，也许你就会明白一些有趣的道理。

这个实验的过程，相信人人都可以做。首先就是从野外分别捉一只蜜蜂与一只苍蝇。然后，在一间屋顶装有灯光的密室中，将这只苍蝇与蜜蜂分别放在一只杯口朝下的透明玻璃杯中，你猜它们会有怎样的反应呢？

答案也许会出乎你的意料，看起来较为聪明的蜜蜂被困在杯中，无法从向下的杯中逃出；苍蝇却在碰过几次壁后顺利地从向下的杯口中逃了出来。

这是为什么呢？

据生物学家的分析得出一个结论，原来这是由不同的行为模式所形成的。

蜜蜂是一种趋光性的昆虫，具有非常理性化的行为模式，即总是追逐着光线，飞向有亮光的地方。所以，在倒放着的玻璃杯里，就会总是向着密封却又透光的顶部飞行，其结果必然是次次碰壁，不能自拔。

苍蝇则完全不同了，俗语说"无头的苍蝇"已经生动地描述了这种行为方式，那就是四处都尝试一下，如果碰壁则赶快转向另外一个方向，所以，几经试探之后，就很快找到了出口而从下面逃脱了。

也许在一般情况之下，人们会像蜜蜂一样过分地追求单一的目标，而忽视了生命中其实还有其他的选择。

尤其是在权势、金钱以及俊男美女的争夺中，人们常常会迷失在里面，付出了生命中许多宝贵的东西，而结果只有少数幸运者获得成功，大部分参与者到最后都落得一场空，但人生中的许多新的机会，许多更好的选择，也许就这样白白错过了。

有一个男孩苦苦恋着一个女孩，而女孩始终不为所动。男孩绝望之余以自杀了断了爱情，也了断了生命。这样为情所困的事时有发生，而令人惊讶的是，在男孩自杀后不久，有另一个女孩为他自杀，也结束了自己的生命。

显然，在这个男孩苦恋女孩的同时，也有另外一位女孩同样苦恋男孩。

这真是一个奇特的情感环套，却让两位痴情男女魂消人世。

《老子》
64个人生智慧

在我们的生命中，也许退一步会海阔天空，还有更好的选择在等着自己。

所以，我们必须时刻牢记老子的教诲："持而盈之，不如其已！"就是在告诉人们不能贪，当感觉手里的东西抓不住，在不断地溢出时，应及时放弃，否则会有灭顶之灾。

智慧 52
好心态赢得好生活

> 【原文】
> "和其光,同其尘,湛兮似或存。"
>
> 【解析】
> 调和它的光辉,混同于尘垢。隐没不见啊,又好像实际存在。这句话意思是为人处世不妨和光同尘,大家玩玩,若有若无,可以长久。

光是透明的,尘是灰浊的,光与尘加在一起明明暗暗,如天井漏下的光瀑,如深海仰望的月色,鲛人见之动色,枯坐书斋的学者见之顿觉清气充盈。

老子非常道有千条万条,条条简单透明,条条清澈。当老子说"湛兮",认为灰尘是清澈的时候,其足以明辨一切。

光线是一种物质,它来自遥远的发光体。光线之所以透明,并不在于它是稀薄的,而正因为它的无限密集。水无限密集,所以也是透明的。声音无限密集,所以也是透明的。尘不能无限密集,所以不能透明。自然界这四大元素,以光最透明,因为它来得最远。

光线有白光、黑光与彩光之分,总的来说是透明而璀璨的。

尘埃则是万物渣滓,是分解后的物质粉末。往往在分解过程中大块落地,粉尘飘浮,最小的"物质灵魂"汽化飞走。尘埃既不能汽化,又不能落地,只好永远悬浮飘洒。

老子看到,自然界的一切都在和光同尘,一棵树沐浴阳光,这就是"和光";它又沾满灰尘,这就是"同尘"。树不和光,不能长大,树也无法避免不同尘,总是被各种灰尘笼罩,并且灰尘也能带来新鲜的养分。

2002年春天北京遭遇沙尘暴,苦了北京生物,沙尘暴吹到海里则喜了海

《老子》
64个人生智慧

洋生物，因为沙尘暴的沙子里为它们带来了难得一遇的丰富养分。

自然界和光同尘，于是一切均衡长久。

而人呢，总是过分乞求光明，同时认为空气中灰尘太多令自己"蒙尘"了。总之，自然界太不听话，太不如意。我们抛开人类自己制造灰尘、自己减少光明不谈，在自然状态下，人类依然在乞求光明、抱怨灰尘，这就不对了。

大自然的灰尘该有就有，无需怨。农村小孩比城市小孩抵抗能力强，就在于从小接触泥土与大量灰尘，所以能形成免疫能力。城市人动辄视泥土灰尘为"脏"，这是错误的。

大自然的光明该有就有，无需求。

凡物消逝，就会瓦解、粉碎为灰尘，这实属正常，无需厌恶。《圣经》上说："人来自尘土，归于尘土。"这种"尘归尘、土归土，今古归今古"的现象实属天地正道。

因此老子指出：人应该和光同尘，不这样则无以为自然。

人与光相和，就会融入光明。

人与尘相同，就会不惧怕死亡。

和光同尘实在是人的一种极高境界，它让人回归自然状态而无为，摆脱种种烦恼。赞美光的同时要赞美尘，因为光与尘都是我们的生命。

这样，人就是醒悟的，透明的。山玲珑，水玲珑，不如人玲珑。人行走在自然界中应如《世说新语》中的王司州（王胡之）看见了吴兴印渚的美景时说的一样："非惟使人情开涤，亦觉日清月朗。"

王胡之是王羲之的堂兄，二人都很风流。魏晋名士深得老子"和光同尘"之旨，凡事随便，做人不随便，所以多出高人。"和光同尘"不会使人污浊，反而使人清爽，就像大自然中的树一样，天天和光同尘，所以很清爽。

所谓"人情开涤"，就是人的情怀开朗干净，一个"涤"字有一洗旧尘之意。"日清月朗"就不用说了，日月在天，清清爽爽。

魏晋时人深得老子"和光同尘"之旨，所以为人潇洒不羁，传为千古佳话。

"和光同尘"包括三方面：

智慧 52
好心态赢得好生活

一是与光同舞。

二是与尘同舞。

三是与光尘同舞。

人与光尘同舞，正好是李白"花间一壶酒，独酌无相亲。举杯邀明月，对影成三人"的境界。

人与光尘"对影成三人"，也正合于大道"一分为三，三又归一"之意，和光同尘时，光非光，尘非尘，人非人，大有玩味。

人走在霞光中觉得圣洁，走在月光中觉得朦胧，走在滚滚红尘中则会觉得有飘泊之美。《庄子》云："泛若不系之舟。"舟不系，马无缰，自然会"野渡无人舟自横"。

《我的拴马桩》一文中写道："导师，我是多么厌倦于再被拴住！凄怆的无缰的浪游，再苦也好过被人控制役使。沧海桑田，就是拴在喜马拉雅山上，也是拴不牢的呀……天马行空。这地上奔突的地马啊，成长为天马吧。这是你唯一的自由之路。在你还没有飞腾之前，先让你的心趋向空无。疲惫破损而又桀骜不驯的马啊，在空中康复吧！"

马只有挣脱拴马桩才能恢复自由。老子"和光同尘"之旨就是要让人恢复自由，摆脱世俗礼教的约束，如阮籍所讲："礼岂为我辈设也！"自由放浪而快其一生。

屈原在《渔父》中讲了"举世皆浊我独清，众人皆醉我独醒"之后又歌曰："沧浪之水清兮，可以濯吾缨；沧浪之水浊兮，可以濯吾足。"

先是说浊不好，最后又醒悟浊有浊的好处，也是深得老子"和光同尘"之妙。

老子"和光同尘"对做人有直接的指导意义，那就是：

一、恢复自由，打破约束。

二、与光尘同舞。光明也好，污浊也好，都一视同仁。所以没有包袱，只有浪游的快感。

也许有人质问：这种"和光同尘"的人生态度岂不就是游戏风尘，不负责任吗？回答是：要负责任，并且正在负责任，但这就是游戏风尘。

《老子》
64个人生智慧

"和光同尘"的为人方式就是混与玩。但不是一般的混与玩，而是与道游戏。

为什么说游戏风尘就是在负责任呢？因为游戏令人聪明，令人开心，这时觉得风尘也很爽。让自己爽就是对自己好，就是在对自己负最大的责任。

同时请注意，老子在说"和光同尘"，而没有说要搅乱光尘或不让别人也和光同尘，因此"和光同尘"的人生观最有利于群体，最不会对别人造成伤害，偏又让自己最爽，因此最应该提倡。

光与尘都是看不见的，在真正的"和光同尘"中光与尘也会消失，这时的人将升华为精灵，并将充分感受灵魂与肉体的双重快感。

"和光同尘"让我们做人受益，那么做事呢？

做事也应该"和光同尘"。它不是游戏，而是该参与时就参与，用一种巧妙的方式游刃有余。老子说"和其光，同其尘，湛兮似或存"，要想做事长久（即"或存"）与成功，就必须和光同尘。具体而言，有两大重点：

一是与大家打成一片。该说不说不，该说好说好，该上就上。

二是没有个人光芒。和光同尘嘛，要的就是整体效果，重在使光有光，使尘像尘，而不是使光非光、尘非尘。

这样就会做事顺利。

世上只有两种事，就是统治与被统治。

被统治者"和光同尘"，就是不当异端，所以不会被迫害排挤。

统治者"和光同尘"，就是要讨好民众，如老子所谓"以百姓心为心"，所以不会被赶下台。

苏格拉底看到欧克里德热衷于演讲，整天生活在热闹之中，就对他说："欧克里德，你应该跟智者站在一起，而不应该站在人民一边。"

苏格拉底这种态度直接导致了日后被杀。

嵇康主张"越名教而任自然"，也因为不肯与光同尘而和苏格拉底一样被统治者以律法杀之。

基督教有条教义：要因信称义，不要因律法称义。耶稣变犹太教士的拘

智慧 52
好心态赢得好生活

泥律法为全心信仰。他并不反对犹太律法，而是说："我来不是为反对律法，而是成全律法"。但耶稣的反叛行为毕竟触犯了犹太人的律法，因此被杀了。

苏格拉底、嵇康、耶稣三人都是伟大的人物，他们因为"因信称义，而非因律法称义"被杀，并不是对老子"和光同尘"这一主旨的反对，这就是和光同尘——他们离开了俗世的光与尘，直接成为光与尘，从而成全了光与尘，成全了全世界。

耶稣基督说："人啊！你本是尘土，终将归于尘土。"因此，他选择了上十字架的命运。

耶稣"尘归尘，土归土"的做法是对老子"和光同尘"这一主旨的最好解释，那就是：人只有成为光，成为尘，才能成为整个世界而永恒，才能成全整个世界。

耶稣告诉我们要使自己成为被成全者，首先要成为成全者。

"挫锐解纷，和光同尘"这八个字，从唯物的立场上说，可以是道路所具有的特殊功能；从唯心的立场上说，则道路先天具有一种奇特的品质，这种品质的特点是利他而不自利。这应该是老子对自然物和生物之不同表现作出的深入观察后得出了自己的新颖看法。生物界的关系是相互利用关系，这种利用关系造成了万物之间的紧张关系，破坏了物与物之间的和谐。

但自然物则摆脱了这种相互利用的关系，且看，天高高在上，覆盖和滋生了万物，但它对万物何尝有所求？地低低在下，抚育和生长着万物，但它对万物又何尝有所求？道路亦如此，它默默地承担了所有生物从生到死的所有活动，默默忍受了万物横加在其躯体之上的所有重负而不哀不怨。

而且，道路更通过自己的巨大功能，使各种各样的生物在踏上道路的时候尽管充满着浑身的暴戾之气，但经过道路的调谐作用，就奇异地发生了变化，由此开始了一种道德的实践。挫掉万物的锐气，化解万物间的纠纷，这便是道路的"挫锐解纷"作用。

事实上，每一个行路者都知道，无论怀有怎样的想法和念头，一旦踏上了一条通向理想的道路，就身不由己地屈从于道路的摆布了。

《老子》
64个人生智慧

道路，是学者文人增加灵感的源泉；道路，能够给商人以施展精明才干的运气；道路，能够给兵家的满腹韬略提供赢得胜利的机会；道路，能够为政治家的纵横捭阖才干铺垫成功的基础。

智慧 53
过一种快乐而不享乐的生活

> 【原文】
> "塞其兑,闭其门,终身不勤。开其兑,济其事,终身不救。"
>
> 【解析】
> 塞住欲念的孔穴,闭起欲念的门径,终身都不会有烦扰之事。如果打开欲念的孔穴,就会增添纷杂的事件,终身都不可救治。

过去人们在物质上只求温饱,按自己的本性过一种自然的生活,办事只求心安,精神只求舒畅,心灵只求宁静,因此他们享受着适意与快乐。

现代已经不可能有这种快乐了,我们只有享乐而没有快乐。快乐是精神适意、安宁、自足,享乐则从来没有安宁和自足感。如一次挣了许多钱、在酒吧间遇到了一个妖艳的女郎、中了彩票、大吃了一顿、打麻将赢了钱等等,只是自己欲望暂时的满足。享乐需要通过不断的刺激才能获得,刺激一停止就感到无聊。

一个人的精神快乐并不需要荣华富贵和金钱女人,这些东西都不属于性命本身的,真正的快乐是从生命的本性流露出来的,来源于自己的精神内部。享乐则来源于生命的外部,是身外之物刺激的结果,因而,享乐常与放荡、荒淫、堕落连在一起,享乐与堕落只有一墙之隔,甚至许多享乐本身就是堕落。

快乐的心境是自在安宁的,享乐则狂热放纵,有时还失去理智。得意了就放任狂欢,失意了便垂头丧气,受了创伤更是失魂落魄。享乐者的心里总得不到安宁,受到的刺激不同他们的心情就不同:时而狂喜,时而愤怒,时而大笑,时而悲伤,时而放纵,时而怯懦,时而浮躁,时而叹息……

快乐则可以不受外物的影响,不为穷困而苦恼,不为富贵而得意,这是

《老子》
64个人生智慧

由于快乐不是来于外物的刺激而来自心灵，是一个人具有生活目的、人生信念和创造乐趣后的一种情感状态，这样，快乐又是与对人生的憧憬，对未来的希望联系在一起的。

相反，享乐正是缺乏生活目的，没有人生信念，更没有创造乐趣，享乐者认为人生没有什么信念和意义可言，人生就是为了吃喝玩乐。许多享乐者今朝有酒今朝醉，瞻望前途便不寒而栗，所以享乐背后是病态和失望。旧的刺激刚过去又得马上寻求新的刺激，否则，享乐者就会百无聊赖，就显得惶惶不安。

如今我们口袋里有了钱，餐桌上有了肉，家里有了现代化的电器，身上穿起了高档时装，怎么反而失去了自我，失去了快乐呢？经济富裕了怎么反而精神陷入了困境呢？

这是由于我们没有精神的支撑点，没有生活的目的，没有高尚的追求，归结到一点：我们失去了人生的根基。人生没有根基，生命成了无源之水，无本之木。

人活着当然要吃肉，但不能为吃肉而活着；人活着应该穿高档时装，但穿高档时装不是人生的目的。如果我们把穿和吃作为人生的目的，那么一旦有穿有吃以后，人生就会失去了目的，因而也就变得空虚和无聊起来。

吃穿只是人的一种生理需要，是人的最低级的需要，这种需要是人与动物共有的，可悲的是不少人把吃穿当作人生的全部目的，把自己的生命意义限制在动物的层次上，因此，当吃穿不愁以后就不可能有新的追求。

"饱暖思淫欲"，既然人生的意义就是"吃穿"二字，那么吃饱穿暖以后就无事可干，而人身上的能量又需要释放出来；既然把自己生命的意义限制在动物的层次上，那么释放本能的方式就只能是发泄兽欲，拿着钱找情人、上妓院，由富裕走向堕落，这在经济发达的地区表现得尤其明显。

有了钱，可以当慈善家，也可以当大恶棍，这就要看你的追求是高尚还是低下，看你有没有人生的根基，有没有自己精神的支柱了。

智慧 53
过一种快乐而不享乐的生活

"所"的本意是处所或地方，这里引申为根基或根本的意思。"不失掉根基就能长久"——老子这句话在今天尤其具有重要意义。

世界上的各种生物都有自己的根基，鱼儿在水中欢快地游，离开了水就很快丧命；树木在沃土里茁壮地成长，离开了土壤就要干枯。人的根基是什么呢？人既是一个自然的动物，就像鱼和树一样离不开空气、阳光、土壤，同时又是个社会动物，离不开精神的支柱和根基，这个支柱或根基就是老子所说的"道"。

我们正处在传统的农业社会与现代文明社会的交接点上，传统的人生观受到了怀疑和动摇，而新的人生观又没有确立，大家失去了安身立命的基础，找不到行为的准则，心中全然没有主见，思想、行为和语言都模仿电视广告。

说真的，我们常常不知道自己爱什么、恨什么、需要什么、干什么。即使像谈恋爱这种纯粹的个人行为，在现代社会也被潮流化了。大家总是看到别人去干什么自己就干什么，我们干的许多事情不是出于个人的主动选择，而是随大流的结果。

我们就像水上漂浮着的残枝败叶，风把我们吹向哪儿就飘向哪儿，关键是我们没有自己的"根"。

因此，我们的出路是努力找回自己的根基，找到自己的归宿，找到自己精神的支柱。有了人生的根基就会有人生的目的，有了人生的目的就有主见，就会坚定不移地走自己的路，一举一动就不会看别人的脸色。这样，我们也就找回了失落的自我。

老子认为：天下一切生命都有自己的源头，这个源头就是一切生命的根基。一旦掌握了万事万物的根基——母，就能认识世间的万事万物——子。即使已经认识了万事万物，已经把握了一切生命，还必须坚守着生命的根基——"道"（《老子》五十二章）。

可见，"道"是万事万物的开端，也是为人的根本。

《老子》
64个人生智慧

"自然",是老子"道"的特性,也是他倡导的一种人生境界和生活态度。"无为"是"自然"的延伸,一切人为的东西都不自然,要"自然"就必须"无为",为人处世也应该顺应自然,办任何事情都不可凭主观欲望胡作非为。

"自然无为"是老子思想的核心,他的致虚、贵柔、守静、不争、取活等思想都是围绕"自然无为"展开的。

智慧 54
当于静处品味人生

> **【原文】**
> "致虚极，守静笃。"
>
> **【解析】**
> 这句话的意思是尽力使心灵的虚寂达到极点，使生活清静坚守不变。"虚"和"静"都是形容人的心境是空明宁静的状态，但由于受外界的干扰、诱惑，人的私欲开始活动。因此心灵闭塞不安，所以需保持"致虚"和"守静"，以期恢复心灵的清明，守护我们心灵的快乐。

有人曾看见希腊智者米松在一个幽静无人的地方独自发笑，就问他："亲爱的朋友，你为什么在无人的地方发笑？"

米松回答道："亲爱的朋友，原因正在这里啊！"

米松的神情很怪，但又很自然，他这"无人一笑"有五种意思：

一、没有人，所以我想笑就笑。

二、这里只有我一个人，难道世界上只有我一个人吗？这太好笑了。

三、真好笑，我居然还能笑！

四、我真棒，任何时候都能让自己笑起来。

五、别人不知道我在这里笑，这真好笑。

米松这"无人一笑"，可谓悠然自得。其实笑的时候，在他自己可能什么意思也没有，就是莫名其妙地笑了一下。这一笑笑得恍惚，也笑得明白，总之让人高兴！

快乐不需要解释理由，快乐就好。

与米松的"笑笑"（自笑其笑）一样，庄子也有个著名的"忘忘"（忘

《老子》
64个人生智慧

其所不忘）的说法。庄子说："人不忘其所忘，而忘其所不忘，此谓诚忘。"

意思是说：人不忘记应该忘记的，却忘记了不该忘记的，这才是真的遗忘。

庄子这话听起来好怪，实际上也相当自然，他的意思有以下四层：

一、已经忘记的我知道它已经忘记，既然我知道已经忘记它，就说明它还存在，所以我其实没有忘记它。

二、还没忘记的正好可以忘记，就像没有丢掉的东西可能会丢掉一样。而已经丢失的东西因为不在手上，所以不会再丢掉。

三、忘记不能忘记的，要高于忘记能忘记的，真正的忘记是想忘就忘，这才是真正的忘记。忘了却还记着，这叫"忘记"。忘了就永远不再想起，这叫"忘忘"。

四、但是，"忘忘"还不是忘，因为它还让我们记得有种东西叫"忘忘"。更彻底地忘是无名无姓、无事无言、无为无在。所以庄子说"至人无己，神人无功，圣人无名"（意思就是，至高无上的人没有自己，连自己都没有就不会有忘不忘的问题。神异的人没有功劳，他不靠做人做事来改变世界。圣贤的人没有名字，他不赋予世界万物以性质，世界万物也不能指他为名）。

基督教有一段著名的祈祷文："我们在天上的父，愿人都尊你的名为圣。"

基督教希望世人尊上帝的名为圣，而庄子说"圣人无名"，这是东西方哲学旨趣的不同，本身并不矛盾，都是指向"圣"。

老子在此处讲"致虚极"，而"虚极"是什么呢？就是元极。道家的太极是个阴阳鱼，元极就是个圆圈，表示一切空无。佛家秘宗又借这个圆圈表示圆满，看来太阳的形状蕴含无限奥义。

太阳热烈而无声，老子因此悟出了道也是时时刻刻热力四射，但又寂静无声的。一切空无，一切虚幻中蕴实有，没有尽头，但又有边际。

"极"者，极限也，指边界。苦海无边，知也无涯，但虚空有界，这就是"虚极"。

老子说"致虚极"，就是要让我们看到虚空也有尽头，世界是有限的，

智慧 54
当于静处品味人生

无限的是运动本身。因此，老子指出：人不应该畏惧虚空，也不应该追逐虚空，一切自有尽头，我们应该在静处品味人生。

老子说"致虚极"，那就是一切实有，如有如来，无为无丧，逍遥自在。

怎样才能"致虚极"？老子马上说"守静笃"。"笃"就是实在，也就是前面说的实惠。老子最重实在，从不玩虚。

"守静笃"就是安静下来，守住内心信念。气守丹田，于是体内就会盛开丹田之花。

老子从太阳热烈而无声悟出道也是热烈而无声的，人应该安静。人越安静就越能发挥热力。同样的一锅水，老是去搅动它就开得慢，不去动它就开得快。人也是这样，老是动就会分心，不如静下来成功得快。

老子说"守静笃"，就是让我们安静下来，自我能量守恒。无人的环境让智者悠然自得，有会于心。

老子说"致虚极"，就是让人索性达到虚空的境界，让空虚的更空虚，让沉沦的更沉沦，这样反而摆脱空虚与沉沦。

老子说"守静笃"，讲的是要同时守静与守笃。"笃"就是实在。守静就是守住安静的心情，守笃就是守住实在。有的安静是狂躁的，看似安静，其实在默默发狂。真正的安静是实在的、踏实的，所以很舒服，而不是一静下来就心里空得慌。老子说"守静笃"，重点就在一个"守"字，能守就能静。

道家的"气守丹田"之说就来自老子讲的"守静笃"。所谓"气守丹田"就是守住内在元气与内在意念，以达到长生久治的效果。人的丹田之气最可贵，也就是中医说的"精气神"，守住了就可以无疾无患。老子说"守静"，就是以静守静，不是以动守静。换言之，就是以丹田守丹田。

一动不如一静，老子还说："不出户，知天下；不窥牖，见天道。其出弥远，其知弥少。是以圣人不行而知，不见而名，无为而成。"

老子犹如一块物化了的岩石，坐落在远离尘嚣的云端之上，丝毫不为时代风气和潮流所动，在一片震耳欲聋的喧嚣声中，在几乎所有的文化人都奔走在求知、求学、求名、求功、求利道路上的时候，老子发出了震动寰宇的

《老子》
64个人生智慧

呐喊："不出户，知天下；不窥牖，见天道。"

他的这种出乎寻常的表现和与众不同的观念，在当时引起了怎样的巨大反响，我们已经无法得知，但仍然可以体会到，在那样一个人人自以为是的时代，老子的呐喊会引起整个社会各个阶层人士怎样的尴尬。

是的，这是一种全新的思想，你如果不能与他站在同样的高度，就没有资格与他对话，就只有以"大笑之"的态度来掩饰自己的尴尬。但你如果站在与他相同的高度上，就会对这些看上去很荒唐的观念佩服得五体投地。

对于追求者来说，无论求知、求学、求功、求名及任何一种具体追求，都必须通过切实的行动来完成，否则不会有所获，这是所有学人都能够自行体验到的切身经验，人类的发展路途大体上沿着这样的方向演进。相对知识在人类历史上所取得辉煌成就，老子的说法是不能令人信服的。

按照生命的本质来求知，则人类长期以来的知识追求、利益追求、功名追求，究竟收获了什么，确实值得反思。老子从生命的根本出发，在认知方面的主张便恰好与时论相反。他认为关于事物的表象知识可以通过行动来获得，但关于生命的真谛以及有关生命本质的知识则需要从安静和无为中获得，因为获得这样的知识首先是心灵的豁决，然后才能进入到生命的本质。

老子指出："是以圣人不行而知，不见而名，无为而成。"正是出于对生命本质的诠释。老子坚决排斥人们的盲目行动，认为行动的跨度越大，所获得的真知就越少。真正的智者都是不用行动、不必招摇过市，所以获得了正确的知识。

但我们对老子的这种看法并不是没有疑问，试想，无论圣人也好、普通人也罢，通过行动尚且不能获得真知，更何况枯守于茅屋或陋室之中，难道就能获得真知？通过自己观察到的事物尚且不能确实，则端坐于封闭处所之中，难道能体会出万物缘起？至于"不为而成"则与无为而治意思相同，它的功用虽然已有成效，以汉代的文景之治为例，仍不能完全令人信服。需要注意的是，我们上述的疑问仍然不免于从知识的角度提出问题，而老子则是完全排除了知识而提出问题，我们与老子并没有站在同一立场上，所以难以沟通。

智慧 55
保持一种简单的快乐

【原文】

"绝学无忧。"

【解析】

这句话的意思是我们只有抛弃圣智礼法的浮文,才能免于忧患。在这里老子强调了一种大智若愚的智慧,他认为人只有不被一些所谓的智慧所迷惑,所忧虑,彻底抛开它们,才能获得更多的快乐。

最高级别的智者都是无忧无虑的智者,头脑简单的人才能获得真快乐。

孔子也像老子一样,是个快乐主义者。《论语》一开头三句话都是讲如何让人达到快乐,可见孔子之学的主旨就是快乐。确实,《论语》的开头三句都是讲如何快乐:

子曰:学而时习之,不亦说乎?

有朋自远方来,不亦乐乎?

人不知而不愠,不亦君子乎?

三句都在讲快乐,层层深入。就具体而言,孔子是通过举例来引导人们达到快乐的。

有个大家耳熟能详的故事可以说明快乐原本很简单。

有一天,希腊哲学家第欧根尼在晒太阳。亚历山大皇帝对他说:"你可以向我请求你所要的任何恩赐。"

第欧根尼躺在桶里伸着懒腰说:"那么,请阁下别挡住我的阳光。"

《老子》
64个人生智慧

谁说太阳底下没有新鲜事？就拿晒太阳来说，当亚历山大皇帝没趣地走后，第欧根尼肯定会发现桶外的阳光更温暖，而且充满喜感。

还有一回，在亚历山大皇帝征服雅典后，第欧根尼问他还要做什么。

"我要征服波斯。"

"然后呢？"

"我要征服埃及。"

"然后呢？"

"我要征服全世界。"

"在你征服全世界以后呢？"

"我就自得其乐了。"

"那你为什么不能现在就自得其乐呢？"

亚历山大哑口无言。

让亚历山大哑口无言的并不是第欧根尼说话咄咄逼人，而是第欧根尼确实道出一个真理：明明现在我们就可以快乐起来，为什么要等千辛万苦做完很多事后才开始快乐？

幸福不是毛毛雨，快乐却是太阳光，随时会从光明者的内心升起。

与第欧根尼一样，老子主张"马上就快乐"与"简单就快乐"。不但如此，老子还指出：人应该做傻瓜，人们之所以不快乐，就是太聪明。老子说："我，愚人之心。"意思就是说："瞧，我就是个大傻瓜。"

快乐是人类最大的智慧，最高的知识。

老子的"非常道"包括两大智慧，一是快乐主义。这一大智慧被孔子继承了，又被庄子发扬为"逍遥游"。

老子的第二大智慧为阴柔，被孔子变形为中庸之道，成为中国人的"国宝"，"中国者中庸之国也"。

老子的"阴柔"已被发扬光大，但老子的快乐主义传到孔子与庄子那里后就失传了，有能继此绝学者，必将有更大的幸福。

有人问：快乐既然能失传，岂不证明它功能有限？

智慧 55
保持一种简单的快乐

回答是：错！快乐功能无限。它并未失传，之所以有时感觉失传，是因为传人没出现。而事实上并不是传人没出现，而是传人正在成长！

谁是老子快乐主义的传人？那就是每一位读到这里都有会心一笑的朋友。"我，愚人之心也。"

老子说"绝学无忧"，就是说有一种非常绝妙的学问让人无忧无虑，那就是简单充实而无所不在的快乐主义。老子是一位快乐主义者，他公然说："我，愚人之心也。"承认自己是个大傻瓜。

我们学老子什么？一是学老子的"阴柔"；二是学老子的"快乐主义"。这两大绝学都是老子取法自然后千锤百炼的人生成功大法宝。学老子"阴柔"的人多，学老子"快乐"的人少。"得此智慧者，庶几乎可称圣人矣。"

老子这话就是说他是一个愚人，也就是一个大傻瓜。大傻瓜好，傻瓜傻笑傻乐，傻瓜看世界简单，看人看事情更简单，傻瓜就是圣人。有两种人是圣人，一种是婴儿，还有一种是傻瓜。

婴儿长大了就不再是圣人，傻瓜却永远长不大，所以傻瓜比婴儿更得圣人之趣。老子留下了一部《道德经》，骑牛而去。他本想"远没流沙"（穿过沙漠到西域，甚至更远），但据说又折回，一说是到了印度，一说是回到了四川青城山隐居。

老子一生主张"无为"，是一位神秘主义的隐修者。

《老子》
64个人生智慧

智慧 56
保持一种清静无为的心态

【原文】

"大成若缺,其用不弊。大盈若冲,其用不穷。大直若屈,大巧若拙,大辩若讷。躁胜寒,静胜躁,清静为天下正。"

【解析】

完全做成的东西,看上去好像缺了些什么,但用起来却一点也不差。完全装满水的容器,看上去好像是空的,但用起来却一点也不少。非常直的东西看上去好像是弯的,很明显的灵巧看上去倒好像很笨拙,特别善辩的人看上去倒好像不会说话。疾行能克制寒冷,清静却能克制暑热,清静无为可以使天下太平。

在现实生活中,我们人类只知道去追求外在好的、美的,来满足我们美好的愿望。可是,一旦将这种追求和崇尚演变成无限的欲望,就会形成贪念,也就让我们无法正确面对现实,更无法正确面对自己。

每个人都知道名利和财富是好东西,也知道名利和财富得来不易,在努力追求的过程中,以及到手拥有之后,都伴随着烦恼和痛苦。有的人幸运地得到了,有的人不幸没有得到,甚至有的人悲哀地死掉了。所以老子告诫我们只有戒除贪欲,才能获得幸福,否则就会害了自己。不管得到还是没得到,都是一样。

万事万物尽管纷纷扰扰,最后无一不返回它们的本根,而返本归根就叫"静",可见清静无为是万物的本性。平静是天地的"水平仪",恬静是个人最高的精神境界。心神宁静便能空明,空明便能充实,充实便能和谐圆满。恬静后思虑便能钩深致远,恬静后行动便无往而不利。同时只有心灵恬静才

智慧 56
保持一种清静无为的心态

能处无为之事，而唯无为才能无不为。

珠光是日本一位比较有名的禅师，曾在一休门下修行。他悟性很高，进步很快，但有一个坏毛病，就是坐禅时常爱打瞌睡，这使他在众人面前觉得很不好意思。

于是，他去找医生，看有什么好办法可以解决这个问题。医生建议他喝茶试试，他接受了医生的建议，每天早晚各喝一杯茶，时隔不久果然治好了这个坏毛病。由于他天天喝茶，养成了习惯，在仔细品味当中，慢慢发现喝茶也很有规矩，不同的喝法有不同的味道。于是他便开始创制各种喝茶的规矩。

有一天，他刚刚制定完一道茶规，一休大师走了进来，问道："应当以何种心情喝茶？"

珠光回答道："荣西禅师曾说，'应当为了健康而喝茶，平心静气'。"

一休又问："有一位修行僧问赵州佛法，赵州回答'吃茶去'，对此，你怎么想？"

珠光不语。一休让侍者拿来一碗茶，递给珠光。当珠光刚把茶接到手上，一休便破口大骂，同时将茶杯打落在地上。

珠光默默不语，过了一会儿，他起身向一休行礼，转身向禅房走去。一休大声喊道："珠光！"珠光应答："是！"然后回过头来望着一休。

"刚才问你应当以何种心情喝茶，如果不管心情如何，只是无心喝茶，又会怎样？"一休大师步步紧逼。

珠光不紧不慢答道："花红柳绿。"

一休马上意识到，珠光已经开悟了，于是宣布珠光修行完毕，圆满出师。

"无心喝茶，花红柳绿"反映了珠光喝茶的自然心态。事事超然物外，顺其自然，不为目的去做事，生活多一分恬淡，多一分自然，你便会理解生命的真谛。

在一个美丽的海滩上，有一位老翁，每天坐在固定的一块礁石上垂钓。无论钓多钓少，两小时的时间一到，便收起钓具，扬长而去。老人的行动引起了一个小伙子的好奇。

《老子》
64个人生智慧

一次，这位小伙子忍不住问："当你运气好的时候，为什么不一鼓作气钓上一天？这可以满载而归了！"

"钓更多的鱼用来干什么？"老者平淡地反问。

"可以卖钱呀！"小伙子觉得老者傻得可爱。

"得了钱用来干什么？"老者仍平淡地问。

"你可以买一张网，捕更多的鱼，卖更多的钱。"小伙子迫不及待地说。

"卖更多的钱又干什么？"老者还是那副无所谓的神态。

"买一艘渔船，出海去，捕更多的鱼，再赚更多的钱。"小伙子认为有必要给老者订一个规划。

"赚了钱再干什么？"老者仍是显出无所谓的样子。

"组织一支船队，赚更多的钱。"小伙子心里直笑老者的愚钝不化。

"赚了更多的钱再干什么？"老者已准备收竿了。

"开一家远洋公司，不光捕鱼，而且运货，浩浩荡荡地出入世界各大港口，赚更多的钱。"小伙子眉飞色舞地描述道。

"赚更多更多的钱还干什么？"老者的口吻已经明显地带着嘲弄的意味。

小伙子被这位老者激怒了，没想到自己反倒成了被问者。

"你不赚钱又干什么？"他反击道。

老人笑了："我每天钓上两个小时的鱼，其余的时候嘛，我可以看看朝霞、欣赏落日、种种花草蔬菜、会会亲戚朋友，优哉游哉，更多的钱于我何用？"说话间，已打点行装走了。

智慧 57
以静养智的大智慧

【原文】

"重为轻根,静为躁君。是以圣人终日行不离辎重。虽有荣观,燕处超然,奈何万乘之主而以身轻天下?轻则失本,躁则失君。"

【解析】

意思是说:重是轻的根本,静是躁的主宰。所以圣人终日在外行走却从不离开辎重。如今虽然有了宫殿,但如果居处在外,仍会脱离根本,大国的君主为什么要以轻浮的态度对待天下大事呢?自轻就脱离了君王的根本,自躁就等于失去了君王之道。

所谓"以静养智",就是通过恬静的心境来增进自己的智慧,智慧增进以后又不外用,又用自己的智慧来促进自己的心境的恬静。智慧与恬静交相涵养促进,和顺之气便从本性中流露出来。

真正的智者从来不叽叽喳喳地表现自己,不会让自己的才智锋芒毕露。那些没有智慧的人成天闹哄哄,大叫大嚷地表现自己,生怕一静下来这个世界就把他给忘了似的。

满罐子水不易动荡,任其颠簸总是默默无闻;半罐子水荡到半天空,稍一摇晃就扑通扑通响个不停。智慧老人像风平浪静的大海,沉静而又渊博;浅薄之徒像又窄又浅的小溪,走到哪里都喧闹不休。

只有虚静才能包含万物,灌水进去不见满,取水出来不见干,而且人们还不知其水源在何处,这样就算得上永葆生命之光。只有静才能获得真理,宋代理学家程颢在《偶成》中也说:"万物静观皆自得,四时佳兴与人同。"这恰如一汪清澈的湖水,只有平静时才能映出周围群山的倒影。如果水波汹

《老子》
64个人生智慧

涌动荡奔腾，那湖水除了能听到自己的响声外，绝不会映出天上的星月与地上的山峰。同样，只有静才能涵养自己的心理，浮躁不安只能使自己变得荒疏浅陋。

所以根基和城府深的人遇事三缄其口，根基和城府浅的人遇事信口开河，恬静总是属于那些智者。智者的恬静并不是由于"静是好的"才学会恬静，而是他的智慧使他洞明了世事，他对生命的体验使他透悟了人生，世上再也没有什么东西能扰乱他的心境，因此自然而然地归于平静安宁。

水静后不仅可以朗鉴万物，也可以作为木匠"定准"的水平仪。俗话说"心平似镜"，人的心境如果宁静了，同样能照天地的精微，甚至还可以明察万物的奥秘。

三国时期，关羽被东吴所杀，刘备感情用事，准备兴兵伐吴。

将军赵云首先反对，他说："当前，我们的主要敌人是曹操，不是孙权。如果我们灭掉了魏，吴自然会来顺服。现在趁曹操刚死，曹丕篡夺了帝位，我们正好利用这个有利时机，团结大家，趁早占领关中，控制黄河、渭水的上游，讨伐曹魏。这样名正言顺，我们一定会得到关东人民的响应。我们不应该把曹魏搁在一边，先同东吴交战。战火一经点燃，就会蔓延下去，很难收拾了，这不是上策。"

孙权也不愿意再扩大两国的纠纷，两次派遣使者去求和，都被刘备拒绝。

刘备不听任何人的劝阻，大兵伐吴，结果一败涂地，这一战损伤了蜀国的元气，刘备也在大战不久后病死在白帝城。

公元234年，诸葛亮率大军伐魏，诸葛亮派人给司马懿送去妇人衣物和书信。司马懿拆书观看，书中说："仲达既为大将，统率中原之众，不思披坚执锐，以决雌雄，乃甘窟守巢穴，谨避刀箭，与妇人又何异哉！今遣人送巾帼素衣至，如不出战，可再拜而受之。倘耻心未泯，犹有男子胸襟，早与批面，依期赴敌。"

司马懿看完书信，心中大怒，但他仍然笑着说："孔明视我为妇人耶！"接受了衣物，并重待来使。司马懿问来使："孔明寝食及事之烦简怎样？"

智慧 57
以静养智的大智慧

使者回答说:"丞相起早睡晚,罚二十以上者亲览。所啖之食,日不过数升。"

司马懿回头对众将说:"孔明食少事烦,岂能久乎?"

使者回去见了孔明之后说:"司马懿受了巾帼女衣,看了书札,并不嗔怒,只问丞相寝食及事之烦简,绝不提军旅之事。某以此应对,彼言:'食少事烦,岂能久乎?'"

孔明叹气说:"彼深知我也!"孔明这次出祁山,死于五丈原。

司马懿在这场心理斗争中,表现出高超的心理素质,不为孔明之辱而轻举妄动,同时,他还能做到"知彼知己",在心理上给孔明以有力的反击。这场心理战,孔明用计不成,反被司马懿回头一击,只得自叹。

一个君主或一个将帅,都必须有高度的修养,能以国家的安危及民众的生死为重,不以自己的喜怒作为战与不战的根据,这样的君主、将帅才是明智的君主,智慧的将帅。刘备的失败,也从反面说明了这个道理。

所以无论做什么事情,都要保持平静的心境,不可轻率从事,性情急躁。

11岁那年,李嘉诚来到香港。到了14岁,由于父亲去世,他辍学打工。再后来,他舅父让他到他的钟表公司上班,但是他没有答应,因为他要自己找工作。他先是想到银行寻找机会,因为他觉得银行一定有钱,因为银行是同钱打交道,它也不可能倒闭。但是他的梦想没有实现,他当了一名茶馆里的堂倌。

在当堂倌的时候,他就胸怀大志,从小事做起,一步步地迈向目标。这些小事是这样的:他给自己安排课程,以自觉养成察言观色、见机行事的习惯。这些课程包括时时处处揣测茶客的籍贯、年龄、职业、财富、性格,然后找机会验证;揣摩顾客的消费心理,既真诚待人又投其所好,让顾客既高兴又付钱。

后来他又以收书的方式读了很多书,并把看过的书再卖掉。

就是这样,李嘉诚既掌握了知识,又没有浪费钱。

一段时间后,他觉得在茶馆里没有前途,就进了舅父的钟表公司当学徒。他偷师学艺,很快学到了钟表的装配及修理的有关技术。其后,他建议开钟

《老子》
64 个人生智慧

表公司的舅父迅速占领中低档钟表市场。结果大获成功，因为香港对低档表的需求确实很大。

1946年，他17岁，辞别了舅父，开始自己的创业道路。结果他屡遭失败，几次陷入困境。但这个时候，他仍然不浮躁，而是踏踏实实地一步一步往前走。

1950年夏，才22岁的李嘉诚通过分析，预计全世界将会掀起一场塑胶革命，而当时的香港，塑胶花是一片空白，这是一个机遇，他抓住了，创立了长江塑胶厂。在工厂经营到第7个年头的时候，他开始放眼全球。他大量寻求塑胶世界的动态信息，亲自去考察塑胶花的生产技术和销售前景。

正是由于他的这种稳健的工作作风，一条辉煌的道路由此展开。长江公司很快占领大量的欧美市场。仅1958年一年，长江公司的营业额就达1000多万港元，纯利100多万港元。塑胶花使长江实业迅速崛起，李嘉诚也成为世界"塑胶大王"。

成功之路，艰辛漫长而又曲折，只有稳步前进才能坚持到终点，赢得成功；如果一开始就浮躁，那么，你最多只能走到一半的路程，然后就会累倒在地。对于渴望成功的人，应该记住：你可以着急，切不可浮躁。

智慧 58
得意忘形，便会乐极生悲

【原文】

"物壮则老，是谓不道，不道早已。"

【解析】

意思是：事物达到了强盛的极点，就会逐渐衰弱，这就违反了道，就会很快灭亡。

得意之时，莫忘了回头，因为事物强盛到了极点，就会逐渐衰弱。人在得意之时，往往口无遮拦，财大气粗，摆不正自己的位子，忘记应尊重理解别人，忘记应收敛自己。得意忘形，实际上是做人不成熟的表现，更有的人做事有始无终，畏难而退，虎头蛇尾，终究将一事无成。

人生之路有高低、有曲折、有平坦，当你遇到挫折时必须鼓足勇气继续奋斗，当你事业飞黄腾达时不要忘记救助那些穷苦的人，因为这样可以为你消除很多祸患于未然。知退一步之法，明让三分之功，不仅是一种谦让的美德，而且也是一种安身立命的方法。

世事变幻难测，一个人不论出身多么高贵，地位多么荣耀，多行善事，正是为今后着想。一个有修养有道德的人，在顺境、有势时总是小心翼翼，居安思危，决不会像市井之徒那样抱着今朝有酒今朝醉的人生态度。

淡泊处事，超然做人，以一种平和的态度面对世事，才不至于被人生的骤悲骤喜感染自己的心情。

古时候，永州有一个人迷信得厉害，不管做什么事，总要看看吉不吉利。

这个人生在子年，属相是鼠，于是他就把老鼠当成是自己的保护神，万分敬重，并且还定下家规，不准消灭老鼠，将老鼠好好保护起来。所以他家

《老子》
64 个人生智慧

里见不到一只猫,仆人们都小心翼翼的,生怕不经意间伤到了老鼠。

这样一来,老鼠在他家有恃无恐,可猖狂了。粮仓里、库房里到处可见成群结队的老鼠大吃大嚼,爱怎么破坏就怎么破坏,根本没人敢管。老鼠们四下里奔走相告,说他家里简直是个天堂,每天吃得饱饱的,什么都不用害怕,于是越来越多的老鼠都闻讯搬到这个人家里来。

这一家子可遭了殃了。桌子、凳子、柜子全都被老鼠咬得残缺不全。柜子里的衣服没有一件是完整的。食物简直就只能吃从老鼠口里剩下的。到了夜里,老鼠在屋里东奔西跑,上蹿下跳,咯吱咯吱地啃东西,还叽叽乱叫,弄得家里乱七八糟,吵得人睡不着觉。白天,老鼠都不歇着,跟人一块儿出出进进,俨然成了这家的主人。

过了几年,这家人因为主人职位调动搬到另一个郡了,这屋子换了主人。可是老鼠们丝毫不晓得收敛,还是闹得特别厉害。

新主人又生气又奇怪,跟家人说:"可恨这帮老鼠,本来只应在黑暗中偷偷摸摸地过活,现在竟然如此嚣张,实在可恶,我们应该想办法把它们全都消灭掉!"于是,他们向人家借了好几只凶猛的大花猫,大门紧闭,把出路都用砖瓦堵死,还用水浇老鼠洞,又专门雇了些人来帮助捕杀老鼠。

老鼠一下遭到了灭顶之灾,死亡不计其数,尸体堆得像座小山。人们把鼠尸扔到偏僻的地方去,臭味过了好几个月才消失。

这些老鼠太不识时务,以为所有的主人都会对它们殷勤备至,实在是大错特错,以至于它们的猖獗终于招来了大祸。

做人也是一样的道理,不可因一时的显赫而得意忘形,否则,永州鼠的下场就是明鉴呐!

从前有一个乞丐,终日依靠他人施舍度日,将乞讨来的钱尽量地积存起来,一到了下个月就将这些钱拿去买彩券,每一次买了彩券,他就将彩券藏在他那根打狗棍的秘密夹层里。那根打狗棍是他平日里行走的工具,也是他防御狗及其他动物的武器,每日总是与他形影不离。

不知道是上天同情他,还是他时来运转了,有一次,他买的彩券居然中

智慧 58
得意忘形，便会乐极生悲

了头奖，从此他就要变成百万富翁了，高兴得一个晚上都没有睡觉，迫不及待要等到领奖日去领奖。第二天一早起来之后，想到自己从此不用再乞讨度日，不用看人眼色，不必再怕恶犬来咬他；可以用奖金买栋新房子，娶一位美丽漂亮的妻子，买一部新车，全身都穿上最名贵的衣服。就这样，他被兴奋冲昏了头，把身边的破罐破衣破鞋都扔到了河里，让湍急的河水将它们永远带离这个世界，他发誓从此不再接触这丑陋的东西。最后扔剩下一根打狗棍时，他心想我反正要买新车了，这家伙将来也用不上了，干脆也一齐扔了。当他把所有旧东西都扔完之后，立刻想到赶快去领奖，走到银行才发现奖券在打狗棍的夹层里，打狗棍呢？糟糕！扔到河里去了。刹那间，他像疯了一样捶胸顿足悔恨不已。

我们要时时刻刻保持一颗平常心。

《老子》
64个人生智慧

智慧 59
功成身退也是一种智慧

【原文】

"金玉满堂,莫之能守。富贵而骄,自遗其咎。功遂身退,天之道。"

【解析】

金玉满堂,就没有办法守住。富贵而产生骄奢,就是自找祸患。功成身退,才符合天道。这里老子告诫我们不要被胜利冲昏头脑,要适可而止,要留有余地。

"功成身退"是老子成功论当中又一个智慧的亮点,是老子成功的智慧链上一颗大宝珠!在现实生活中,"功成名就"固然是好事,但其中也含有引发祸端的因素。老子已经悟出辩证法的道理,正确指出了进退、荣辱、正反等互相转化的关系,否则便会招致灾祸。因而他奉劝人们亟须趁早罢手,见好即收。在事情做好之后,不要贪婪权位名利,而要收敛意欲、含藏动力。

急流勇退是一种睿智的生活态度,君子所重不在结果的功成名就,而在过程中的尽力而为。凡事发展到顶峰,随后而来的就是衰退和败落,聪明的人不会贪图虚荣放不下功名利禄这些身外之物,否则只能羁绊住自己。财富和权势虽然会给人带来享乐和荣耀,也会给人祸害和耻辱。

无锡有一处名胜叫蠡湖,蠡湖有一个花园叫蠡园,蠡园有个典故,"功成身退"的典故就出自范蠡。

灭吴之后,越王勾践进入吴国,在吴王的文台上举行盛宴庆贺。文种上前献辞称颂说:"皇天佑助,我王受福。良臣共谋,我王之德。先君显灵,辅君成事。君不忘臣,臣尽其能。功配上天,德不可掩。举酒祝君,万福无疆!"越王听了这一番颂辞却默默无言。文种再上祝辞说:"我王仁贤,怀道抱德,

智慧 59
功成身退也是一种智慧

灭仇破吴，不忘返国。赏无所吝，群邪杜塞。"越王仍然面无喜色。

这时范蠡已看出勾践这个人只可共患难，不可共成功。范蠡觉得勾践不惜群臣之死以成就自己的功业，却不愿封赏功臣，庆功宴上又面有忧色而不乐，范蠡就已暗下决心，要离越而去。因此等到勾践从吴返越，又北上争霸中原，意得志满，凯旋之后，范蠡便劝文种说："现在已是离开越王的时候了，否则必有杀身之祸。"文种却不以为然。范蠡又写信给文种说："我听说天有四时，春生而冬伐；人有盛衰，泰极而否来。知进退存亡而不失其正道，大概只有贤人才能做到吧。蠡虽才能低下，还能明白进退之道。高鸟已尽，良弓当藏；狡兔已死，良犬当烹。越王的为人，脖子长而嘴如鸟喙，目如鹰视，行步如狼，可与共患难，不可与处荣乐；可与历危，不可与处安。您如不忍离去，必为所害！"范蠡就带着西施，两个人乘着一条船飘然而去，引身而退。但文种始终不相信越王会加害于己，到底没有离去。

勾践大业成就之后，果然对他的功臣们态度逐渐冷淡起来，并且愈来愈疏远他们。文种因此而心中郁闷不乐，整日忧心忡忡，并且多日辞病不朝。于是有人向越王诬告文种说："文种自以为是他才使君王得有今天，但他却官不见加，地不见封，因此他心怀怨恨，愤疾于内，而色形于外，故而不来朝见君王。"勾践听了这一番话，便开始对文种产生恶感。有一天，文种对越王说："臣多年来之所以早朝而晚归，苦身焦思，就是为了助王灭吴。现在吴国已灭，大仇已报，君王也就不再有什么可忧虑的了。"勾践听出了文种话中的意味，心中不快，默然不语。

一天，越王召文种问道："寡人听说，知人易，自知难。难道有谁能知道相国究竟是什么样的人吗？"文种回答说："君王提出这样的问题，令人感到太可悲了。君王知臣之勇，不知臣之仁；知臣之忠，不知臣之信。臣多次劝谏大王损声色，减淫乐，对王尽必竭忠，言无所讳，因此多次触犯了大王。不能顺从大王之意而言，必然难免获罪。臣不敢畏死而不言，但愿言而后死。从前了胥被吴王所杀，临死前曾说：'狡兔死，良犬烹；敌国破，谋臣亡。'范蠡临行前，也和我说过同样的话。从大王之问，臣可见大王之志了。"勾

《老子》
64个人生智慧

践默然不应。文种回到家里，对他的妻子说："我已看出，君王有杀害忠良之意。我的性命难保，只不过在须臾之间了。"

果然不久，勾践又召见文种，对文种说："你有阴谋兵法，克敌制胜的九术之策，今只用其三，即已灭吴。还有六术在你那里，望你能用其余六术辅我前王于地下，以谋灭吴之前人。"文种仰天叹道："可悲呀！我悔不从范蠡之谋，而终为越王所杀！"勾践赐给文种一把剑。文种得剑，又叹道："本为南阳之宰（这是说自己本是楚国宛令，宛即南阳），而今为越王所擒！"又自笑道，"后世百代，忠臣必以我为鉴！"说罢，便伏剑而死。可怜一代相才文种，死得如此悲惨。

任何事都有个度，一个人的爵禄官位到了一定程度就要懂得急流勇退，否则到了泰极而否来的时候，后悔已晚。汉朝初期，帮刘邦打天下的文臣武将，其结局都是各不相同的。其实，何止在做官上应知进退，其他事同样应知进退深浅。人和人只要在一起就会产生矛盾，因利益之急，因嫉妒之心，因地位之悬都可能结仇生怨，故做人处世最重要的是把握好尺度。

智慧 60
保持自我，不入流俗

【原文】

"唯之与阿，相去几何？善之与恶，相去若何？人之所畏，不可不畏？荒兮，其未央哉！众人熙熙，如享太牢，如春登台。我独泊兮，其未兆，如婴儿之未孩。乘乘兮，若无所归。众人皆有余，而我独若遗。我愚人之心也哉，沌沌兮！俗人昭昭，我独昏昏。俗人察察，我独闷闷。澹兮，其若海；飂兮，若无止。众人皆有以，而我独顽似鄙。我独异于人，而贵食母。"

【解析】

应承与斥责相差能有多少？善与恶相差又能有多少？别人所畏惧的我就不能不畏惧吗？荒唐啊，简直不着边际！众人都有兴高采烈，如同享用盛大的宴会，如同春日登台远眺。我却独自待在一旁，没有作出任何行动的决定，就像还不会笑的婴儿。一脸倦容，好像不知该往哪里去。众人都有余裕，我却偏偏若有所失。我这一片愚人之心，实在是混混沌沌啊！一般人都清楚明白了，我却偏偏糊涂不知。一般人都那么精细，我却偏偏粗疏。平平静静，就像无边的大海；汹涌澎湃啊，如迅急的狂风横扫万里。众人都有指靠，而我却偏偏笨得像个乡下人。我偏偏与众不同，关键在于得到了"道"。

在老子看来，善恶美丑贵贱是非，都是相对形成的，人们对于价值判断，经常随着时代的不同而变换，随着环境的差异而更改。世俗的价值判断极为混淆，众人所戒的，也正是自己不必竭虑的。在这里，老子也说了一些牢骚话，使人感到愤世嫉俗的意味，其中不乏深刻的哲理。

《老子》
64个人生智慧

接着，老子说明他在生活态度上，和世俗价值取向的不同：世俗的人，熙熙攘攘，纵情于声色货利；老子则甘守淡泊，但求精神的提升。在这里，老子还显示出和人群的疏离感。

宁愿栖守道德而寂寞一时，宁愿遵从大义而舍生一死，从古至今的例子很多，如文天祥就称得上是代表。《过零丁洋》的末两句就是现在人们经常引用的千古名言："人生自古谁无死，留取丹心照汗青。"

在春秋战国时期，伯夷和叔齐两兄弟互让王位，双双逃走。二人听说周文王招贤纳士，便前往投奔。还没等他们到，文王就过世了，武王用车装着周文王的牌位伐纣。伯夷和叔齐上前拦马劝谏："父死不葬，乃动干戈，可谓孝吗？以臣弑君，可谓仁吗？"旁边的人想杀他们。姜太公说："此乃义人。"让手下扶持二人离去。武王灭商以后，天下归周。伯夷和叔齐认为武王以臣犯君可耻，就立志不食周粟，到首阳山隐居起来，靠采薇为食维持生命。他们耻食周粟，最后饿死首阳山。

"饿死不食周粟"的故事由此而来。他们恪守道德，甘于清贫，尽管贫穷潦倒，寂寞一时，但身后千百年来受到后人的敬仰，成为一段佳话。这是古代的舍生取义。有了这样的追求，生活上也就甘于淡泊了。反之，如魏忠贤、严嵩等人，几乎个个都是倚仗权势的佞幸奸臣，他们最后都落得身首异处，凄凉万古的悲惨下场。

每一个人都有自己的处世原则，正直的人有正直的原则。一个有操守、讲气节的人，宁可穷困也不依附权贵，因为那种阿谀奉承达官贵人的言行，和正直的人格水火不容。一个正直的人同样不会去违背公德，触犯国法，他的操守决定了他不会那样去做。正因为不依附权贵，又奉公守法，他就会安贫乐道，保持清白的人格。

清兵入关后，清朝的官员由两部分人员组成，一是明朝降臣，二是满族大臣，前者蓄发盘髻，后者则是剃发梳辫。每次入朝时，官员们各分两班站立，彼此相安无事，但不久，这一格局被拍马者打破。

某日，明朝降臣孙之獬一改常貌，剃发梳辫上朝，本想跻身于满族大臣

智慧 60
保持自我，不入流俗

之列，以此来邀宠献媚，却因他是汉人而未被满族大臣们接纳；汉族大臣们又以他形貌装束一如满人，认为他不应位列汉族大臣之中。

孙之獬左右不讨好，恼羞成怒之余，就给顺治皇帝上了奏章，认为清朝允许明朝遗民保留原有的装束，只会损害清朝清帝的威仪。

顺治皇帝见奏，大为赞赏，遂发布了"留头不留发，留发不留头"的严厉剃发令。

天下欲反清复明的志士见此闻此，无人不对孙之獬恨之入骨，不久，山东的一支义兵攻入淄川，杀了孙之獬全家，当时听到这个消息的人都拍手称快。

在老子看来，顺从与违背，美善与丑恶相差不远，我们很可能一不小心就滑向另一端。因此，只有做到对待喜乐、美食、美景淡然处之，才能真正做到保持自我，不入流俗。

《老子》
64个人生智慧

智慧 61
学会宽以待人

【原文】

"明道若昧,进道若退,夷道若类;上德若谷,大白若辱;广德若不足,建德若偷;质德若渝,大方无隅;大器晚成,大音希声,大象无形。道隐无名,夫惟道,善待且成。"

【解析】

明摆着的道却好像找不到,上坡的道却好像下坡的道,平坦的道却好像崎岖的道。崇高的德好像低矮的谷,太过显赫反而如同被埋没,广布天下的德却好像很不充足,已经确立的德倒像是权宜之计,质朴纯真却像是假冒的赝品,最方正的东西好似没有角落,大的器具总要晚些造成,大的声响反而听不到,大的形象就说不上个形状。"道"让人感觉不到而没有任何名分,但只有它,善于辅助万物并且成就万物。

　　明白大道的人好像什么都是糊涂的,进入大道的人却好似在退步,如此不被人理解,可他们不会因别人的误解而改变什么。这一点运用到为人处世之中,真理始终是真理,不会因别人错误的认识而随之改变。因此,对别人犯的那些认识上的小错误也不必追究,让人难堪。

　　过于孤芳自赏、自命清高的人,往往不能容忍别人的缺点与错误,久而久之也无法与别人相容,就容易陷入孤立无援的境地。其实,金无足赤,人无完人,每个人身上都有犯错误的可能,也有犯错误的权利。世间并无绝对的真理,而且正邪善恶交错,没有什么东西是绝对的。

　　对于别人的一些小过错,应该怀着宽厚的胸怀去包容,严于律己,宽以待人,在人生的旅途上,少些精神累赘,而专于人生的追求才是大智慧。凡

智慧 61
学会宽以待人

是一个能创大事业的人一定有容忍人的度量,容忍人虽然在实际上很难做到,但为了事业上的成功,为了顾全大局,就必须有"厚德载物,雅量容人"的胸襟,应该说谦让是美德,容人同样是美德。

宽恕别人对我们来说可以难,也可以容易,关键在于你的选择。当一个人选择了仇恨,那么他将在黑暗中度过余生;而一个人选择了宽恕的话,那么他能将阳光洒向大地。当我们的心灵为自己选择了宽恕的时候,我们便获得了应有的自由。因为我们已经放下了仇恨的包袱,无论是面对朋友还是仇人,我们都能够赠以甜美的微笑。

在二战时,德军战败,1944年的冬天,已经饱受战争创伤的莫斯科这时非常的寒冷,苏联俘虏了一批大约两万人德国战俘,他们排成纵队,从莫斯科大街上依次穿过。

因为是严冬,天空中飘着大团大团的雪花,气温很低,但所有马路两边依然挤满了围观的人。这些人中大部分是妇女,他们来自莫斯科及周边的乡村。他们之中每一个人都有亲人在德军所发动的战争中丧生。他们都是战争的最直接受害者,都对悍然入侵的德国军人怀着满腔的刻骨之恨。

当大队的德军俘虏出现在妇女们的面前时,她们全都将双手攥成了愤怒的拳头。呼啸的人群前簇后拥,她们希望挤上前去,哪怕只是靠近一点点,她们渴望把这些杀害自己亲人的刽子手撕成碎片。这些德国俘虏们都低垂着头,胆战心惊地从围观群众的面前走过。他们的脸上满是恐惧与无助,随时都有被仇恨吞噬的危险。

这个时候,突然一位上了年纪、穿着破旧的妇女走出了围观的人群。她平静地来到一位警察面前,请求允许走进警戒线去好好看看这些俘虏。警察看她满脸慈祥,应该没有什么恶意,便答应了她的请求。于是,她走过警戒线,来到了俘虏们的身边,颤巍巍地从怀里掏出了一个印花布包。打开一层一层的布,里面是一块黝黑的面包。她不好意思地将这块面包硬塞到一个疲惫不堪、拄着双拐艰难挪动的年轻俘虏的衣袋里,嘴里还说着:"只有这么一点了,真不好意思,你凑合着吃点吧!"

《老子》
64个人生智慧

　　年轻俘虏怔怔地看着面前的这位妇女，刹那间已泪流满面。他扔掉了双拐，"扑通"一声跪倒在地上，给面前这位善良的妇女重重地磕了几个响头。其他战俘受到感染，也接二连三地跪了下来，拼命地向围观的妇女磕头。

　　于是，整个人群中愤怒的气氛一下子改变了。妇女们都被眼前的一幕所深深感动，纷纷从四面八方涌向俘虏，把面包、香烟等东西塞给了这些曾经是敌人的战俘。

　　这位善良的妇女，用宽容化解了众人心中的仇恨，并把爱与和平播种进了所有人的心中。

智慧 62
解怨不如不结怨

【原文】

"和大怨，必有余怨，安可以为善？是以圣人执左契而不责于人。有德司契，无德司彻。天道无亲，常与善人。"

【解析】

如果在消解各种不满时总要留下一些不满，那怎么能叫把事情办好呢？所以圣人虽然拿着借据却并不督催对方还债。有德的人掌管借贷，无德的人掌管税收。伦理道德讲的是情深义重，大家相亲相爱、相濡以沫，这一定与善良的人心灵相通。

重圆的破镜总要留下痕迹，和解大怨总会留下宿怨。与其重圆破镜，不如不摔碎圆镜；与其和解大怨，不如不去结怨。"渡尽劫波兄弟在，相逢一笑泯恩仇"，终归是诗人美好的想象和良好的愿望。在现实生活中，恩仇哪能"一笑"就可"泯"掉？

怎样才能避免结怨呢？

要想不结怨于人，就得有无私的奉献精神，只是给予而不求索取，对国家和对个人都应如此。

对国家来说，如果打天下为的是将来好坐天下，而坐天下又为的是好霸占天下和独享天下，那么他就是抢占天下的"窃国大盗"。窃一人之财会被一个人痛恨，窃天下之财就会被天下人痛恨。有些人开始也许对人民做了一丁点好事，或许对国家有一丁点功劳，有恩于人受恩者当然充满感激，有功于国，人民也自然会记取，可要是由于略施小惠就要别人终身报答，立点小功就要在国人头上拉屎拉尿，这和在别人贫困危难时放高利贷赚钱有什么两

《老子》
64个人生智慧

样？人们也许还记得莎士比亚《威尼斯商人》中那位高利贷者夏洛克，他惯于乘人之危牟取暴利，成了人人唾骂的自私小丑。更不用说那些无恩于人无恩于国的暴君或贪官了，他们想的是如何损人利己，做的是怎样蠹国自肥的事，这伙人是千夫所指的独夫民贼。

对个人来说也是一样，无私克己才不会结怨于人。老想占别人的便宜，老想贪图小利，老是与人斤斤计较，这种人能不招人怨恨吗？尤其是那些喜欢逞强斗狠的家伙，身边人人都受够了他的欺侮，因而处处都有他的冤家对头。这种人看起来好像聪明过人，其实是愚蠢到了极点，以一人之才与天下人斗智，以一己之力与天下人斗强，本想做人人敬畏的英雄，最后却成了人人喊打的老鼠。

《战国策·齐策》载，齐孟尝君的门客冯谖代主人去薛地收债。冯谖拿着借据向主人辞行说："债款收到后替您买点什么东西回来？"主人回答说："你看家中缺少什么就买什么吧。"

冯谖到薛地后，使地方官员召借债人都来验证借据，借据一一验证后，便假托主人的命令将债款全部免掉，并当众烧掉所有借据，百姓感动得连呼"孟尝君万岁"。冯谖连夜赶回齐国，清晨便去求见孟尝君。孟尝君奇怪他收债怎么如此之快："债款都有收到了吗？怎么这样快呀？""全收齐了。""买些什么东西回来了？""临走前您说'家中缺少什么就买什么'，我私下想了想，您宫中堆积珍宝，狗马充实外厩，美人信满堂下，家中缺少的只是对人民的恩义，所以我私自为您买回了恩义。""买回什么恩义？""您今天的封邑只有一个小小的薛地，不仅不知道爱护那里的人民，反而像商人一样从他们身上榨取利息，薛地的人民能不怨恨吗？我假托您的命令免去人民的所有债务，还当众烧掉了全部借据，当地百姓都感动得连呼'孟尝君万岁'——这就是我为您买回的恩义。"

孟尝君大为恼火地说："你算了吧。"一年后齐王免去了孟尝君的职务，他只好回到自己的封邑薛地来，离薛还有一百多里路程时，薛地百姓听说孟尝君到来，家家扶老携幼夹道相迎。孟尝君见此情景，回头对冯谖说："先

智慧 62
解怨不如不结怨

生去年为我买回的恩义,今天我才亲眼见到了。真要感谢您呀!"

当然了,冯谖矫命免去借债人的债务,为的是替主人经营"狡兔三窟",这未免太过于"机心"。

有"道"者则无心于施惠而仁至,无意于行好而人和。因而,施予者并不自以为有德,受惠者也想不到感恩。于是恩怨两忘,物我一体。这还用得着去化解吗?

天道对人既无亲疏也无偏爱。可遵循"利物而无害,施予而不争"这一天道的人,天道将永远和他同在。

现代人对健康是越来越重视了,所以我们有一个新的理念,叫健康是金。人活在世上,最后体会出来的最大的财富就是健康,所以健康是人生中最重要的财富,也是成色最好的、最闪光的黄金。人要健康,除了心态以外还有一个就是饮食问题。

《老子》
64个人生智慧

智慧 63
不自大才能成其大

【原文】

"大道泛兮，其可左右，万物恃之而。生而不辞，功成不名有。衣养万物而不为主、常无欲，可名于小；万物归焉而不为主，可名为大。以其终不自为大，故能成其大。"

【解析】

大道无所不在，它可以左右一切，万物都在仰仗着它。它生出万物却不干涉它们，成就大功却并不要求什么名分。护养万物，但既不主宰它们也没有任何欲望，（这种品质）可以叫作"小"；万物归顺于它，但它仍不去主宰万物，（这种品质）可以叫作"大"。由于"道"始终不主动去做"大"这件事，所以能够成就它"大"的品质。

古今体"道"者就禀有"道"这种"不自大"和"不为主"的精神。他们有恩于人民却不盘剥人民，有助于民族却不自居为"民族救星"，统一了全国却不当国家的太上皇。

那些自封为"千古一帝"与"万世圣君"的人则不然。为了夺得天下不惜"荼毒天下之肝脑，离散天下之子女"，就是尸横遍野血流成河也毫不痛心，还美其名曰是为了千秋万代的幸福；窃取了天下以后又"敲剥天下之骨髓，离散天下之子女"，以供一人或一家的奢侈淫乐，并把这视为理所当然，还大言不惭地说"老子当年提着脑袋打天下，今天坐了天下还不享受天下？"

我国历史上有许许多多先烈为了民族的统一和人民的幸福，英勇地献出了自己和亲人的宝贵生命，丝毫没有想到要人民将来感恩戴德。他们不以一家之利为利，而让天下人都受其利；不以一家之害为害，而让天下人都免其害；

智慧 63
不自大才能成其大

不以一家之乐为乐，而让天下人都享其乐。鲁迅先生的诗句"俯首甘为孺子牛"，真切地道出了他们的人格与胸襟。范仲淹那句名言"先天下之忧而忧，后天下之乐而乐"也是他们精神与风范的写照。他们无意于流芳百世，但子孙万代都永远怀念他们；他们从来不自居为"英雄"和"伟人"，但人民总是把他们作为伟大的民族英雄来歌颂。

在一个既脏又乱的候车室里，靠门的座位上坐着一个满脸疲惫的老人，身上的尘土及鞋子上的污泥表明他走了很多的路。列车进站，开始检票了，老人不紧不慢地站起来，准备往检票口走。忽然，候车室外走来一个胖老太太，她提着一只很大的箱子，显然也要赶这趟列车，可箱子太重，累得她呼呼直喘。胖太太看到了那个老人，冲他大喊："喂，老头，你给我提一下箱子，我给你小费。"那个老人想都没想，接过箱子就和胖太太朝检票口走去。

他们刚刚检票上车，火车就开动了。胖太太抹了一把汗，庆幸地说："还真多亏你，不然我非误车不可。"说着，她掏出一美元递给那个老人，老人微笑着接过。这时，列车长走了过来，对那个老人说："洛克菲勒先生，你好，欢迎你乘坐本次列车，请问我能为你做点什么吗？""谢谢，不用了，我只是刚刚做了一个为期三天的徒步旅行，现在我要回纽约总部。"老人客气地回答。

"什么？洛克菲勒？"胖太太惊叫起来，"上帝，我竟让著名的石油大王洛克菲勒先生给我提箱子，居然还给了他一美元小费，我这是在干什么啊？"她忙向洛克菲勒道歉，并诚惶诚恐地请洛克菲勒把那一美元小费退给她。

"太太，你不用道歉，你根本没有做错什么。"洛克菲勒微笑着说道，"这一美元，是我挣的，所以我收下了。"说着，洛克菲勒把那一美元郑重地放在了口袋里。

真正的大人物，是那种成就了不平凡的事业，却仍然和平凡人一样生活着的人。他们从来都是虚怀若谷的，他们不会觉得自己才高八斗、学富五车，他们从来不会见人便喋喋不休地诉说自己不被重用的"遭遇"和"不幸"，他们从不埋怨自己的上司是"妒贤嫉能之辈"，从不痛恨自己的同仁是"居心叵测之人"，他们只是"不以物喜，不以己悲"地去干着自己分内的事情。

《老子》
64个人生智慧

智慧 64
相信未来总是有希望的

【原文】

"飘风不终朝，骤雨不终日。"

【解析】

狂风刮不了一个早晨，暴雨下不了一整天。

老子的话句句实在，都饱含丰富的人生经验。它向我们传递的不仅是人的后天智慧，还传递着人的先天本能。

老子说"飘风不终朝"，不是说世上没有从晚上刮到白天的连续大风，而是说狂风不会太久。

老子说"骤雨不终日"，也不是说没有接连几天都下的大雨，而是说暴雨会很快过去。

狂风暴雨之所以厉害，就因为它的狂与暴。狂风暴雨之所以不足畏，也正因为它的狂与暴。

因为凡是狂暴的事物都处在它自身的巅峰状态，自然规律会使它马上回落。狂人如希特勒者，暴政如法西斯者之所以不足畏，就在于它们的狂暴是巅峰状态的表现，必然被内外因素抑制住，最终狂暴就是自取灭亡的下场，因为狂暴者把自己的时针拨到了中午12点，当然马上就面临下午与晚上了。

从心理方面看，狂暴者也不能持久。有的人喜欢咆哮不已，在他自己可能觉得很威风，其实在别人看来可能是完全软弱的表现——瞧，此人束手无策，恼羞成怒了。

希腊智者柏拉图是出了名的惧内，非常不幸，这位最伟大的哲学家娶了一位最不懂哲学的老婆。老婆遇事蛮不讲理，动辄河东狮吼，让人胆寒。

智慧 64
相信未来总是有希望的

有一回柏拉图正在家里向弟子们传授高深的学术，忽然老婆一阵风跑过来，向他哇哇哇乱叫，双手叉腰，满脸横肉，口中唾沫横飞，点点击中柏拉图智慧的脸。弟子们见师母神威发作，吓得大气不敢出，柏拉图倒是耐心地听着老婆的训示，细心的人还能看见他的嘴边有一丝微笑。老婆骂够了，又一阵风而去。弟子们目瞪口呆，半天没回过神来。有弟子同情地问："亲爱的老师，您何以不惧？"

柏拉图马上把大家拉回到了课堂："这就是我常给你们讲的狂风暴雨不会长久。"

狂风暴雨不会长久。这话与"飘风不终朝，骤雨不终日"是一个意思。既然东西方两位最伟大的哲学家老子与柏拉图都如是说，看来我们完全有理由在狂风暴雨面前镇定自如。

也许有人要问：有大智慧者如狂风暴雨，横扫千军，那么照这样看来，智慧也不能长久了？我们还学什么老子非常道？

答案是这样的：说智慧像狂风暴雨横扫千军，这是一种比喻。人类思维的风暴不是暴力，而是润物细无声。这是温柔的暴力，而不是狂暴的暴力。但它越是温柔，越有巨大法力。老子说"柔弱胜刚强"，讲的就是这个道理。

再大的风吹一夜，不到天亮就会停。老子说"飘风不终朝"，就是说大风会很快过去，风越大越不会滞留，因为它在急速奔流。古代印度人认为世界由四大元素组成，其中之一就是"风"，认为"风"无处不在。后来佛教兴起，佛教学说又修正了古代印度人的元素论，佛学认为世界上的一切都在"成、住、坏、空"。到了"空"的阶段，连"风"也没有，一切归于荒寂。此说与老子的风论相同。

再大的雨也下不了一天，不多久就停了。老子说"骤雨不终日"，揭示了大雨会自停的道理。雨者水也，老子说雨会停，也就是说水会枯竭。"水"也是古代印度人认为构成世界的四大元素之一，水元素也是无处不在的。但老子指出：水也会枯竭。虽然"上善若水"，但上善也会失败，并永久地失其善。上善之上是无善，水之上是气。这样，道家的元气论找到了真正的世

《老子》
64个人生智慧

界本原，气比水更像水，它衍生万物。老子说："有物混成，先天地生。"说的就是气。

　　老子说："飘风不终朝，骤雨不终日。"指出风雨都不永久，在风与雨的背后还有一样东西才是本原，才会永久，那就是"气"。"气"就是元气，就是道。人把握住那一口气（意念、信念、决心），就可以用自身的气接通天地之气，从而长久。老子说："天地不自生也，故能长生。"人不自生，也能长生。"不自生"的途径就是用气接气，所以能一气发万气，万气归一，从而一生万物，可以长久。